日大病は治らない

私が日大常務理事をやめさせられた「本当の理

樹

廣済堂新書

はじめに

去年の今頃（私がこの原稿を書いている7月末くらいから、そして、本書が発刊予定の9月上旬くらいまで）、それなりに文化人として生活をしてきた私は、過去にないくらい、マスコミに追いかけまわされていました。

自宅や自分のオフィスにまでマスコミ、それもテレビ局や新聞社の人が張り込み、私になんらかのコメントを引き出そうとし続けたのです。

それもこれも、当時、私が日本大学の常務理事という職に就《つ》いていたからでした。日大アメフト部の学生が大麻を使用しているという疑惑が浮かび、それが何人ほどなのか、どのような処分を考えているのか、などマスコミが切り込んできます。

本来なら広報が対応すべきことだと思いますが、そちらがだんまりを決め込んでいたため、私のような幹部役員から答えを引き出そうとしたのです。

ところが、肝心の私のほうは、かなりあとにならないと真相を教えてもらえない状況にありました。ですから、もちろん何も答えようがなかったのですが、原則的に答えてはいけないことになっていたのも事実です。

当時の私はマスコミの日大に対する対応に憤《いきどお》っていました。日大アメフト部の事件と同時期に起こった東京農業大学ボクシング部での大麻所持事件（日大の事件の約3000倍もの大麻が見つかり、販売までしていた）と比べて悪質性は低かったのに、その報道が悪意に満ちたものばかりだったからです。一方で、そんな状況であるにもかかわらず、どんどん情報公開をしない日大広報のマスコミ対応の下手さ加減にも不快感を覚えていました。

その後の経緯については新聞報道などで読んだ方もいらっしゃるでしょうし、本書でも概略を説明しますが、誰が責任を取るのかということについて、経営側（林真理子理事長と4名の常務理事）と教学側（酒井健夫学長と3名の副学長）との間で、激しい争いが起こりました。

結果的に、我々経営側の言い分が認められ、酒井学長と澤田康広副学長が辞任の運びとなりました。

私自身は、これでやっと本格的に日大の改革ができる、だから膿《うみ》を出し切ってやろうと思っていたのですが、いきなり林理事長から、「あなたは辞めることになったから、辞表を書いてほしい」と言われることになりました。

私がいるといろいろな学部長たちがうるさいので仕事がやりにくくなるということを理解して、林理事長のために私は辞表を書くことにしました。

しかし、その後、林理事長は学部長に何か言われた覚えはない、私に問題があって辞めてもらったのだという意味のことを言明していることがわかり、大きな失望を覚えることになりました。

実は、私は組織というものをよく知りませんでした。

37歳で常勤の医師を辞め、それ以来、大学の常勤の教員になったことはありますが、ほかの仕事もあれこれとやっていて、実質フリーターのような生活をしていました。もちろん、管理職、なんらかの長という肩書のある職も経験していません。そういう人間にとって、日本大学という巨大組織全体のトップ管理職のような立場での経験は驚きの連続でした。

結局のところ、思いがけない形で辞めさせられたわけですが、そこには「組織の論理」があったのだろうと考えています。林理事長が横暴だったのではなく、林理事長も「組織の論理」に従っただけなのだろうと想像しています。

ただ、この「組織の論理」が続く限り、日本大学は変わることができない、私が「日大病」と考えている病理も改まることはないというのが私の実感です。

しかし、内部の人にとってはそれが当たり前になりすぎて、変わる必要がないというところが実情なのでしょう。アメフト部の問題が収束し、その後幹部の一部も変わりましたが、このままではまずいという機運はまったく感じられず、私が辞めたことも邪魔者が去ったというくらいにしか思われていないのでしょう。

でも、このままではいけないという感覚は辞めたあともぬぐえません。

そこで、私が肌で感じた日大の実情を多くの人に知ってもらうことで、特にOBの方などから改革の声が上がるかもしれないという甘い期待から本書を上梓《じょうし》しました。

こんなことでなんらかの改革のきっかけになるとはとても思えませんが、内部にいたからこそ知り得た「病理」を知らせることでしか、変えようという声が上がらないのではないかという不安が、私の杞憂《きゆう》であることを祈りたいと思います。

まずは本書をご一読いただけましたら幸いです。

日大病は治らない

目次

第1章　日大の病巣は想像以上に深かった

第2章　大学の魅力は「人」で決まる

第3章　船頭が多すぎた巨艦・日大丸

第4章 「変えない」「変えさせない」という構造

エピローグ　「学生ファースト」はすべての大学の原点

プロローグ

臆病すぎた林真理子理事長

私は捨て駒だったのか

日本大学のイメージは、国内最大の学生数を誇るマンモス大学です。全国に散在する16の学部と通信教育部、付属高校、短期大学部、大学院研究科および独立研究科、それぞれの在校生やOB組織（校友会）、教職員を数え上げていくと、組織としてあまりに巨大で、摑《つか》みどころのない印象があります。

1889年の創立以来、卒業生約126万人、在校生だけでもすべて合わせると7万人を超える学生がいます。出身大学別の社長の数が日本一というのもよく知られています。

その日大に一年半、常務理事として経営に携《たずさ》わった私にはいま、ふたつの悔《くや》しさがあります。

ひとつはまず、決して本意ではなく、いわば売り言葉に買い言葉のような経緯で常務理事を辞めてしまったこと。

もうひとつはそのドタバタ劇の中でいちばんの同志というか「この人のためにも」と思っていた林真理子理事長に裏切られたことです。

戦うべき相手や組織に負けてしまうだけなら自分の力足らずを認めるだけで済みますが、旧来の友人でもあり、請《こ》われて常務理事を引き受け、同じ日大改革の志を持ちながら一年半、一緒に日大に巣食う守旧派勢力と戦ってきたつもりの林理事長に土壇場《どたんば》で裏切られたことは、私にとって大きな痛手となりました。

「裏切られた」という言い方は恨みを残すニュアンスになるかもしれませんが、そうではありません。

同じ改革の意志を共有してきたつもりの理事長があまりに臆病《おくびょう》で保身にこだわったために、私だけ突っ走ったことになってしまいました。結果として「和田が辞めたから、日大は平穏になった」という決着が残念なのです。

辞めた人間がとやかく言っても始まりません。

でも、それで日大が本当に変わるのかどうかは疑問です。

なぜなら、林理事長の守旧派に対する遠慮が消えない限り、日大の経営や教学の体質は変わらないことが予想されるからです。

林理事長には本来、それなりの権限も発言力もあるのに、リーダーシップを発揮しようとする勇気がありません。

林真理子さん、なぜそんなにビクビクする必要があるのですか。

せっかく理事会のメンバーを一新し、権力が特定の機関に集中しないように体質改善をしたのに、肝心の理事長が守旧派の集まる学部長会議に遠慮ばかりしていては、結局は言いなりになるしかありません。

それでは日大は変わりません。私はただ、改革ではなく現状維持のための捨て駒だったことになってしまいます。それがいちばん悔しいのです。

マスコミに叩かれ続けた日大

2022年7月1日付で林新理事長のもとで日大常務理事に就任し、今年202

4年1月12日付でその職を辞すまでの一年半は、改革の情熱が燃え盛った一年と、その熱がしぼんできた時期、そして守旧派の巣食う学部長会議に翻弄《ほんろう》された数か月でした。

この一年半、私は日本大学という巨大組織の中枢《ちゅうすう》でさまざまな制度や古い体質と戦ってきましたが、痛感したのは日大の病理は根深いということでした。

新しい日大を目指してまず、古い体質を一掃することから取り組んできたのですが、病巣の根は想像していた以上に深く、しかも大学首脳部全体に広がっていました。

加えて、これもいまだに納得のいかないことですが、なぜか日大はマスコミに叩かれ続けました。

私が常務理事に就任したのは2022年7月でしたが、ちょうどその一年後にアメフト部学生寮で部員の大麻所持事件が発覚します。その一連のニュースでマスコミは日大を叩き続けました。

マスコミに限らず、一度悪者にされてしまうと徹底的に叩かれるのがいまの日本です。

アメフト部の場合は2018年に「悪質タックル事件」（日大アメフト部と関西学院大学アメフト部との定期戦で、日大選手が関学大側のボールを持っていない選手に背後からタックルするという悪質行為を働いた事件）を起こしていて、そのイメージがいまだに残っていますから、よけいに叩きやすかったのでしょう。

さらには、林理事長の「お手並み拝見」という雰囲気が社会にありました。「さあ、新生日大を掲げて理事長になった林真理子氏は、この事件をどう切り抜けるのか」という関心も集まってマスコミはそれこそ大挙して市谷の日大本部に集結しました。

ところが、ここで大学側の対応の足並みがそろわず、新しい理事会と古い体質のままの学部長会議の意思疎通《そつう》ができていなかったために、林理事長に対しては「お飾り」といった批判が向けられます。

新しい理事会と旧態依然の学部長会議との軋轢

原因は、日大が抱えていたトラウマです。

日大の教学と経営には、それぞれの最高意思決定機関として、学長を議長とする学部長会議と、理事長を議長とする理事会があります。

過去の忌《い》まわしい事件（田中英壽《ひでとし》前理事長がワンマンでやりたい放題、経営だけでなく教学にも介入し、結局、脱税容疑で逮捕された）から、教学のことは学長をトップとする学部長会議、経営は理事長をトップとする理事会とはっきり区別し、お互いの領域を尊重するというルールができていました。

そのこと自体は間違いとは思いませんが、そこから経営側にはアメフト部の大麻所持事件に対しての遠慮が生まれます。学生の起こした問題はあくまで教学、つまり学部長会議の管轄《かんかつ》であって理事長や常務理事が介入してはいけないと判断したのです。

そのためもあって、アメフト部の事件については私たち執行役員も教学側からの報告や説明をそのまま受け入れることになります。

林理事長もアメフト部の事件については澤田康広副学長の説明を鵜呑《うの》みにするしかなく、「大麻は見つかっていない」と言われれば、そのままマスコミの質問に答えます。「教学のことは教学サイドに一任」という大前提があるからです。

ところが、新しい事実が次々に表沙汰になると、「理事会は機能してない」とか「林理事長には危機意識もやる気もない」という批判が高まります。このあたりの経緯も説明していきますが、私自身も学部長会議などに巣食う守旧派の実力者に翻弄され続けました。

前進一年、後退半年

そもそも、日大の常務理事を引き受けたのは、日大には可能性があると信じたからです。

通信教育部を含めると17もの学部があって7万人以上の学生がいるという巨大さは、これといった個性もなければ魅力もないぼんやりとしたイメージになりがちですが、焦点を絞っていくとさまざまな可能性が見えてきます。

たとえば学部だけを見ても、日大には医学部があります。医学部のある私立の総合大学は早慶やMARCH（明治大学、青山学院大学、立教大学、中央大学、法政大学）といったいわゆる上位校の中ではほかに慶應義塾大学だけです。あるいは芸術学部があります。これも私立の上位校にはあり得ない学部です。ただ学部の数が多いというだけでなく、十分に大学のステイタスとなる学部が健在なのです。

総合大学であれば、学部間の連携も広げることができます。たとえば医学部と理工学部の〝医工連携〟によるDX化（デジタル・トランスフォメーション化。情報技術を現実社会の中で具体化していくこと）の推進など、いくつもの組み合わせや可能性が生まれてくるのです。

そういった新しい日大へのさまざまな展望や計画も膨《ふく》らんできて、最初の一年は瞬《またた》く間に過ぎました。日大のことはまったく知らない人間でしたから、当初は総務・人事を担当する常務理事としての仕事だけでも大変な日々でした。

それは新しい理事長となった林さんも同じで、母校（芸術学部出身）とはいっても大学の全貌《ぜんぼう》は知りません。全国に散らばる学部や付属高校をめぐり歩いて、学生たちも含めて職員や教員の方々とも話し合い、新しい日大の可能性を探りました。

私にとっては、あわただしくも非常に充実した一年となったのです。

そして、一年の区切りがつき「さあ、これからだ」というときに起きたのがアメフト部大麻所持事件でした。さらに、そこからの半年が、内部の抗争にただ翻弄された時期ということになります。

「教学には触るな」という暗黙のルール

アメフト部の不祥事についてはその詳細を可能な限り再現しますが、ここではまず私が日大常務理事を辞任するに至った経緯を説明しておきます。

前述の通り、理事会は経営、学部長会議は教学の意思決定機関ですが、林理事長になって理事会のメンバーは一新されました。22名の新しい理事の中に、それまでひとりもいなかった9名の女性理事が生まれたのです。一方の酒井健夫学長を議長とする学部長会議はといえば、メンバーが一新されることはなく、女性はひとりもいませんでした。

常務理事だった私はどちらにも参加していたのですが、たとえば学部再編のような提案をしても「学部のことに首を突っ込むな」と教学側から一蹴《いっしゅう》されます。既得権益にかかわる改革案は議論することすらできません。学部長会議は現状維持を望むメンバーばかりで、日大の改革など本気で考えているとは思えませんでした。

もうひとつ、こちらは非公式・慣例的な会議ですが、理事長と常務理事、学長や副学長による「執行部会」というのがありました。これも正体の曖昧《あいまい》な会議です。

経営と教学、それぞれの首脳部による折衝《せっしょう》の場ですが、ここで通された議案が理事会や学部長会議にはかられます。そこでも酒井学長から「教学のことは教学に」とたびたび牽制《けんせい》されました。脱税で逮捕された田中前理事長の独裁経営を繰り返さないためにも、学長は執行役員を牽制し続けたのです。

理事会で議題として取り上げようとしても、議論する前の段階でこちらの提案は撥《は》ねつけられてしまい、まともに議論することはできませんでした。

学部再編や連携についても、思い切った改革に踏み出そうと思えば経営側から教学側に踏み込んだ提案が出されることもあります。それがすべて一蹴され続けると、執行役員側にも「教学には触るな」という暗黙のルールができてしまいます。

澤田副学長がとった意外な行動

そういう状況の中で起こったのが、大麻所持事件でした。

当然、我々は学長や副学長の対応を見守り、その経緯報告を信じるしかありません。というのも、2018年に悪質タックル問題を受けて設立された「競技スポーツ部」は「学長によるガバナンスが直接及ぶ大学本部の教育研究事務部門」と定義され、各競技部を所管していました。

アメフト部も当然、その管轄下にあります。つまり、完全な〝教学マター〟です。「教学のことは教学の担当者が適切に対応してくれるはずだ」と林理事長も私も信じていたし、そうするしかなかったのです。

しかし、警察の捜査が入って逮捕者が出たことで、マスコミや世間の注目は林理事長に集まります。これは教学側にとっても好都合で、マスコミが理事長の責任を追及すればするほど、自分たちが批判の矢面《やおもて》に立たされることはなくなります。

けれども、アメフト部の管理・監督責任が学長と副学長にあるのははっきりしています。学内で学生の不祥事が起これば、まず責任を問われるのは学長と副学長です。

常務理事の話し合いで非公式に副学長へ辞任をお願いすることを決め、その意向を林理事長が伝えると、澤田副学長は思いがけない行動を見せます。林理事長と一対一で対面した澤田副学長はその会話を密かに録音した挙句、時事通信社にリークしたのです。その結果、「林理事長、副学長に辞任迫る」という見出しの記事が掲載されますが、部分的に引用された会話内容は、いかにも林理事長の弱気ばかりを強調したものでした。

当時、経営側の最懸案《けんあん》事項は私学助成金交付の可否でした。経営者としては当然のことですが、そのためにもアメフト部問題は早急に決着させなければいけません。そこで、「日大を守るためにも副学長には辞任してもらいたい」こと、助成金についても「世間にごめんなさいして尻尾を振っていく」といったような、その部分だけ切り取られれば世間の反発を招くような言葉まで使って、林理事長は澤田副学長に辞任を迫りました。

ところが澤田副学長は林理事長の低姿勢を逆手にとって、それを録音・公開して「世間体ばかり気にする発言」と批判したのです。

「助成金交付の道を探りたい」という気持ちから発した言葉でも、それが切り取られて記事になれば、林理事長は無責任だという空気が社会に生まれます。さらに理事会で林理事長が澤田副学長に解任を要求したという事実無根のニュースが流れたため、私は独断で日本テレビの取材に応じ、私的会話の録音と漏洩《ろうえい》を問題視して、副学長に辞任についての意見を聞きたいと理事会で発言したことを認めて偽りのニュースの訂正を試みました。

「辞めると言ったら辞めてくれないと困る」

その後も二転三転の末、２０２３年11月27日に酒井学長と澤田副学長は辞表を提出、29日に理事会で承認されますが、そこから今度は、学部長会議の私に対する攻撃が始まります。

学部長たちの間では、「学長も副学長も辞めるのに、常務理事がひとりも辞めないのはおかしい」という私に対する責任追及の空気が広がっていました。

実は、両氏の辞任に最後まで反対していたのが学部長会議でした。そこで私が「澤田さんはアメフト部問題の処理がまずかっただけじゃなくて、理事長との私的な会話を録音してマスコミに流した。これは重大な問題でさすがに辞めないとまずい」と発言したところ、思いがけない反論が返ってきます。

工学部長の根本修克《のぶかつ》氏が「マスコミに私的会話を流すより、理事会の内容を流すほうがよっぽどまずい」と私を批判したのです。

私は驚いて、「私的な会話を勝手に録音してマスコミに流すより、取材に応じて意見を述べるほうが悪いとおっしゃるんですね」と聞くと、「そうです」と答えます。ここでついカチンときてしまって、私は「そんなことおっしゃるなら、辞めてやります！」と言いました。いま考えれば、売り言葉に買い言葉でしたが、澤田氏の情報漏洩と私の行為が同質のものとはまったく思えません。

けれども、私の「辞めてやる」発言は学部長たちには好都合でした。辞めさせたいと思っていた人物が自分から「辞めてやる」と言ったのですから。鬼の首を取ったように理事長に詰め寄って、「辞めると言ったのに辞めてない、辞めると言ったら辞めてくれないと困る」と私の辞任を強く迫ったのです。

それ以前から、学部長の中には、林理事長に公然と私の辞任を求める人物がいました。私が日大に辞表を提出したのは「辞めてやる」と言ったからではありません。林理事長から「(私が辞めてやると言ったことに)学部長たちがうるさいのよ」と言われたからです。私がいると理事長の立場が悪くなり、仕事がやりにくくなるのなら潔く身を引いたほうがいいと考えてのことだったのです。

私が常務理事辞任に応じた理由

常務理事のポストに執着していたわけではありません。一年半勤めてみて、日大改革が容易ではないことは身に染みてわかってきましたが、改革の意思を捨てたわけではないし、まだまだ林理事長を支え続けるつもりでした。その林理事長と意見が対立し、私が邪魔だと判断されたのなら辞任に応じるつもりでいました。

私は淡々と辞表を書き、署名と捺印をしました。林理事長が喜々としてそれを奪い取るように受け取ったときの顔は忘れられません。それだけ早く辞めてほしかったのでしょう。

ただ、通常であれば「辞めると言ったんだからクビだ」という理屈はまともな企業なら通らないし、解雇権の乱用に当たるはずです。学部長たちの意に沿わない理事は辞めさせられるという悪しき前例にもなりかねません。

それでも私が辞任に応じたのは、繰り返しになりますが、林理事長に「学部長たちがうるさいのよ」と言われたからです。私が辞めない限り学部長たちの突き上げは続き、理事長の立場が悪くなるでしょう。理事会から学部長会議に提案や要請を試みても「まず和田をなんとかしろ」と突き上げられたら、理事長として仕事がやりにくくなります。私の存在が改革の足かせになっては林理事長も困ります。

そういう彼女の立場を考えれば、ここは潔く身を処したほうがいいと判断するしかありません。2024年1月12日付で私は日大常務理事の職を辞しました。

当初、辞任は1月末の予定でしたから、2週間ほど早めたことになります。

林理事長の「ひとり芝居」に翻弄された

このようなあわただしい辞任になったのは理由があります。『月刊ＷｉＬＬ』という雑誌の２０２４年２月号（２０２３年12月20日発売）に、ジャーナリストの須田慎一郎さんと対談した『「スクープ！」日大の病理』という記事が載りました。須田さんは日大ＯＢですから、かねてより取材して日大の内情には通じています。

対談の内容は、澤田副学長をはじめとする学部長会議の守旧派に対して、林理事長を先頭に新しい理事会が粘り強く戦っているという、林理事長に対して好意的なものでした。

それが学部長たちにとっては不愉快な内容だったのでしょう、読んだ学部長たちが「辞めると言ったのに辞めてない」と林理事長に詰め寄ったのだと思います。そこから出てきた言葉が前述の「（私が辞めないと）学部長たちがうるさいのよ」でした。そこで私は、林理事長の言葉を真に受けて辞任を早めたのです。

辞任後、同じ雑誌の4月号（2024年2月26日発売）で、私に同情した須田さんが『林真理子理事長、日大を頼みます』という記事を書いてくれました。私の話をもとにまとめた内容ですが、もちろん私もゲラの段階でチェックしています。ところが、その内容について、人を介して林理事長から編集部に抗議があったのです。

抗議の内容は、要約すれば「事実と違う。和田秀樹さんのことを書くならちゃんと取材してほしい」ということですが、ゲラをチェックした私から見て取材は十分になされていたし、事実と違うといっても表現から受ける印象に私と林理事長で感覚の相違があったという程度のことでした。

それよりも私が驚いたのは、「事実と違う」という抗議の中に「私は彼ら（学部長たち）に何か言われたこともありません」という文言があったことです。

ここまでにも書いてきたように、私が時期を早めて、正式な手続きも経ないで日大常務理事の職を辞したのは、林理事長から「学部長たちがうるさいのよ」と言われたからです。

にもかかわらず「何か言われたこともありません」と抗議されてしまうと、ではあの言葉はなんだったのかということになります。

私としてはあまりに不可解な成り行きで、まるで林理事長のひとり芝居に翻弄されて辞職を早まったことになってしまいます。そしてそれは、まさに学部長たちの思う壺《つぼ》ということにもなります。

戦う決心がない限り、日大改革は難しい

私は、対談記事で林理事長に言われたことをそのまま須田さんにも話しています。したがって、記事を読んだ学部長たちはカチンときたはずです。

「あんな記事を書かれたら、まるで我々が理事長を脅したみたいじゃないか」と林理事長に詰め寄ったのでしょう。それで林理事長も「何か言われたこともありません」と抗議することになった……。そう考えれば、私としても林理事長を恨まずに済みます。逆に言えば、そう考えないと、理事長は嘘をついてまで私を辞めさせようとしたことになるからです。

しかし、どちらにしても、あまりに姑息《こそく》で臆病な態度です。学部長たちに突き上げられたくらいで私を辞めさせようとしたり、あるいはその顛末《てんまつ》が記事になると学部長たちをかばおうとしたり、自分の身を切られても日大改革を実現しようとする意思などまったく感じられません。

改革のためには、まず田中前理事長時代からの古い体質を残したままの学部長たちと戦わなければなりません。少なくとも、彼らの圧力に屈したり言いなりになったりしてはいけないはずです。

その決心が、いまの林理事長にはまったく見えてきません。見えるのは古い勢力の突き上げに委縮しながら自分の立場を守ろうとする情けない姿だけです。

「柵《しがらみ》がまったくない。怖いもの知らず。決定が早い。実行力がある」

これは、2022年7月1日の新理事長就任会見で林さんが自身を評して語った言葉です。

私もそう信じていたから「力を貸してほしい」と請われたときにも「この人のもとでなら」日大を再生できると信じて引き受けたのです。

辞任したいまとなって感じるのは、このままでは日大の改革は難しいということだけです。

表向きの、世間に向けた印象操作は、小説家の理事長ならできるかもしれませんが、それで中枢部の古い体質まで変わるとは思えませんし、おそらく何かやろうとしても周囲の威圧にたちまち屈してしまうでしょう。

私がこの一年半の顚末を書き残そうと思ったのも、せめて林理事長が初心を思い出すきっかけになればということと、せっかく端緒《たんしょ》についた日大改革をこのまま萎《しぼ》ませてしまうのは、彼女にも私自身にも無力感しか残さないと考えてのことなのです。

学部長会議から理事長への突き上げがなくなれば、とりあえず日大上層部は平穏になります。林理事長の椅子もしばらくは安泰かもしれません。世間も日大の不祥事のことはだんだん忘れてくれるでしょう。

けれども、それでは日大は変わりません。それは「これ以上悪くなることはない」というだけのことで、せっかく意欲をもって学ぼうとしている学生たちの期待に応えることもできません。

林理事長が目指しているのは、そういう日大なのでしょうか。

第1章

日大の病巣は想像以上に深かった

踏み出す勇気に共感して、常務理事に

「私、日大の理事長を引き受けることになったんです」

２０２２年の初夏、20年来の友人だった林真理子さんからそう打ち明けられたときは本当に驚きました。その当時の日大は不祥事続きで、社会の集中的な非難を浴びていたからです。

大学の理事長といえば、経営の最高責任者です。しかも２０２１年の11月に脱税容疑で逮捕されて有罪判決が下された前任の田中元理事長の残党とされる澤田副学長をはじめとして、田中体制を支えてきた上層部がそのまま残っています。

そんな伏魔殿《ふくまでん》のような組織に、しかも最高責任者として就任するというのはいかにも冒険に思えたからです。

実際、日大当局は田中元理事長が退任したあと、政治家や財界人、あるいは日大出身の著名人に理事長就任を打診したものの、ことごとく断られたと聞きます。古

い体質がそのまま残された組織のトップに就いても、足を引っ張られるだけで改革はうまくいかないと判断されたのでしょう。

だから、私も林さんの言葉に「度胸あるな」と驚いたのです。

ところが、その次の言葉を聞いてもっと驚くことになります。

「理事会には理事長の推薦枠が２名あります。力を貸してもらえませんか」

私は以前、娘の通っていた成城学園で理事を務めた経験があります。その話をすると、林さんは「せっかく理事を務めてくださるのなら、常務理事として大学経営に力を貸してほしい」と誘ってくれたのです。

母校の危機にたったひとりで立ち上がる決心をした林さんに協力を求められて、断ることはできません。「私にお手伝いできることがあれば」と答えました。

林さんとはそれまでにもいろいろと話す機会も多く、私は大学の教育や研究、個性の大切さも含めて、「こういう大学があればいいのに」といったアイデアを思いつくままに伝えていましたから、日大の理事としても頼りになると思われたのかもしれません。

当時の私は、まったく休みが取れないほど多忙でした。精神科医としてクリニックの院長職があり、国際医療福祉大学で教員の仕事もしていました。その年の春に出した高齢者向けの本がベストセラーとなったことで執筆や講演の依頼も殺到していました。

常務理事となれば、腰掛けでは務まらず、ほぼ毎日、日大本部に出勤しなければいけません。

そこで7~8月を移行期間として、教員の仕事を整理しながら、新学期の始まる9月以降、定例会議のある週3日は必ず出勤するという約束で常務理事を引き受けることにしたのです。

根本から刷新された理事会

何度も繰り返すようですが、当時の日大は度重なる不祥事に喘《あえ》いでいました。

２０１８年のアメフト部の悪質タックル事件で監督とコーチが退任、２０２１年には板橋病院の建て替えをめぐる事件で理事が背任容疑で逮捕、その後続けて田中元理事長が所得税法違反で逮捕されて有罪が確定します。そのため、２０２１年度の私学助成金は全額不交付となり、年間90億円もの減収が生じていました。

特に悪質タックル事件はマスコミにも大きく取り上げられ、フェアプレイが何より重視されるアマチュアスポーツで、しかも伝統のある日大アメフト部が卑劣なプレイをしたということで社会の反感を集めました。監督やコーチの保身に走った対応ぶりも非難の的となりました。

この事件だけでも日大のイメージは大きくダウンしたのですが、そこに経営陣の逮捕が相次いだことで、日大ブランドは地に墜《お》ちたといっても言いすぎではないでしょう。

そういう状況の中で、誰もなり手のいない理事長を引き受けた林さんは間違いなく勇気のある女性だったと思います。

大学経営にはまったくの素人でも、彼女には知名度があります。マスコミも注目するでしょう。そういう中でどんどん大胆な改革を実行していけばそれがニュースになり、逆に旧勢力は干渉しにくくなります。不祥事ばかりがニュースになるよりも、はるかに日大のイメージを明るくしていくだろうと思いました。

2022年7月1日、新理事長の就任会見に先立って新生日大の第一回理事会が開かれました。

日本大学会館最上階の会議室には理事長、学長、副学長以下総勢22名の理事が顔をそろえましたが、そこには9名の新しい女性理事が含まれていました。日大の長い歴史の中で、いままでひとりもいなかった女性理事が大幅に増えました。不祥事の温床となっていた理事会は根本から刷新されたのです。まず理事会を刷新する。新理事長としては当然の第一歩だったと思います。

常務理事として私は最初、総務・人事を担当していましたが、2022年11月以降は林理事長肝《きも》いりの「新しい日本大学キャンペーン」、略して「N・N」の企画担当を任されました。

「Ｎ・Ｎ」は新理事長が就任会見で挙げた三つの改革案の中のひとつで、私自身、「日大を変えるならこう変えたい」といういくつかのプランを持っていましたから、具体的な構想もどんどん浮かんできて希望も膨らんできたのです。

はじめに掲げた三つの目標

私はまず三つの大きな目標を立てました。ここでその概略を並べてみます。

（一）　女性が輝く大学に

林理事長とは、いつも「女性に人気のある大学にしよう」と話し合ってきました。

実際、明治大学や法政大学、立命館大学は女性人気の上昇とともに志願者数を大きく伸ばしています。法政大学に田中優子総長が就任したときのように、林理事長が就任したいまこそ〝マッチョな日大〟のイメージを払拭《ふっしょく》し、女性人気を高めるチャンスになるはずです。

もちろん、そのためには女子生徒にとっての魅力的な大学づくりが欠かせません。常務理事になって日大のさまざまな教職員の方々と話し合う機会がありましたが、付属校の先生方とお話しすると、みなさん口をそろえて「女子生徒の受け皿が少ない」と不満を言います。たとえば、看護学を学ぼうと思えば、医学部付属の「看護専門学校」に入学するしか選択肢がない。栄養学なら短期大学部の、それも静岡県の三島校舎まで通わなければならない。先生方が指摘するように、大学に受け皿がないのです。四年制の看護学科や栄養学科の新設が必要になってきます。

このことは、付属高校の校長からも要望されていました。付属高校の中には、学力アップに力を入れて進学校を目指すところもあります。すると、優秀な生徒は日大より偏差値的に上位の大学を志望しますし、高校としてもたとえば早慶の合格者を増やしたほうが志望者は増えていきます。

それに対して日大は「もっと推薦入学の希望者を増やせ」と要請しますが、肝心の日大に魅力がなければ、いくら推薦で入学できても付属校の生徒は日大に進もうとはしないのです。まして、女子生徒の場合、芸術学部と文理学部くらいしか女子生徒に人気のある受け皿がありません。

資格を取りたいとか、職業に直結する学部としての看護学や栄養学を学べる学部をつくることも日大には大事な課題になっていました。

（二）　学部再編

受け皿が不十分な一方で、日大という組織そのものは肥大化し、無駄が多いのも事実です。

たとえば歯学部には日本大学歯学部と日本大学松戸歯学部のふたつがあり、工学は工学部と理工学部と生産工学部の三つ、そのすべてに建築の学科があります。

しかも、キャンパスは全国各地に散らばっているので、それぞれが独立していて連携や交流がほとんどありません。必要に応じた学部の統廃合や、新設による機動的で合理的な組織づくりを迫られていました。

（三）　医学部改革

医学を学んだ私がいちばん問題視したのは、やはり医学部です。

1925年設立の日本大学専門部医学科を前身とする日大医学部は、間もなく創立100周年を迎える歴史と伝統があります。

しかしながら、2023年の医師国家試験の合格率は東海大に次ぐワースト2位。国家試験の合格率だけで教育力を測るのは酷《こく》な話ですが、ほとんどの新設医大に負けている現状は看過《かんか》できません。

たとえば、優秀な教授をスカウトして教授数を大幅に増やすなどの改革で教育の質を飛躍的に向上させ、医学部の〝新御三家〟とまで呼ばれるようになった順天堂大医学部のように、歴史と伝統に甘んじることなく、他所の成功事例に貪欲《どんよく》に学ぶ姿勢も必要です。

日本大学病院の経営改革も課題でした。

順天堂大医学部附属順天堂医院や東京医科歯科大学病院など、同じ東京の御茶ノ水で立地上も競合する病院といかに差別化していくか。たとえば総合大学の強みを活かした総合診療の充実、理工学部との〝医工連携〟、そしてビジネス街の立地を考えると心の医療の充実など、さまざまな施策が浮かんできました。

そのように考えていくと、「日大にはまだまだ可能性がある」と胸が弾んできます。「N・N」の企画担当として、私は張り切って改革に乗り出そうとしたのです。

「学部のことに口出しするな」

ところがさっそく、日大内部に立ちはだかる壁にぶち当たってしまいます。

「このままでは医学部は赤字の垂れ流しで、日大の経営にとって非常に厳しい状況をつくってしまう」

「順天堂のようにある程度、教授の数を増やして外来診療にも力を入れていただきたい」

会議でそういった発言をしようものなら、酒井学長に一蹴されてしまいます。

「学部のことは学部に任せるのが筋で、経営が口を出すのでは田中時代と同じですよ」と口を封じられてしまうのです。これは、すでに述べたように日大が抱えていたトラウマのせいです。

私立大学は一般に「教学」と「経営」は分離され、教育や研究は学長、経営は理事長が担います。ところが、権力を肥大化させた田中元理事長が学部人事や学生の処遇まで差配して学校全体が私物化され、不正の温床となってきたことが日大の大きなトラウマになっていました。

その結果、私や林理事長のような新参者の経営陣に遵守徹底を求められたのが「教学に口を挟まない」ということだったのです。

もちろん、このことは私たちも承知していました。酒井学長は就任会見でも一連の不祥事に触れ、「（原因は）一部の経営者の専横《せんおう》に起因する」と総括し、「教学優先の方針のもと、本学の再生・復興に全力で取り組む」と述べましたし、林理事長も会見で「私が法人の代表として所信を申し上げますが、学府である大学のトップは学長であらせられます」と話して、教学の意向を尊重する姿勢を大切にしていました。

一例を挙げると、理事長室には理事や職員の出退勤状況を一目で確認できるデジタル版出勤簿が掲示されていますが、田中元理事長時代は〈理事長↓学長〉だった名簿順を、林理事長が〈学長↓理事長〉の順に変更したことにも強い配慮が感じ取れます。

ですが、過去の専制政治への反省から理事会のメンバーは一新された一方で、学部長会議のメンバーが一新されることはありませんでした。

学部長には女性がひとりもいません。酒井学長は林新理事長と同じく２０２２年７月に就任されたばかりでしたが、実はそれ以前の２００８年９月から２０１１年

8月まで学長を務めています（当時の名称は総長）。時期で言えば、田中元理事長が在任した時期（2008年~2021年）と重なります。

過去の専制政治への拒否感は強まったとはいえ、その7月の時点では学部長の顔ぶれはまったく変わっていません。田中元理事長時代からの学部長はさすがに減って4、5人しか残っていませんでしたが、そのメンバーの発言力が強いせいで、古い体質をそのまま引きずっていました。

だから、経営陣である常務理事が何かを提案すれば、「学部のことには首を突っ込むな」と一蹴されます。学部再編や新設など、彼らの既得権益に関わる改革案は議論すらできません。腹の底では現状維持を望むメンバーばかりですから、改革がうまくいくはずはないのです。

アメフト部の薬物汚染事件「空白の12日間」

それでも、新生日大に向けて、林さんを理事長とする新しい理事会はスタートしました。

そこで起こったのが、またしてもアメフト部から始まった「薬物汚染事件」でした。２０２３年夏といえば新しい理事長や学長が就任してちょうど一年になりますが、まず7月６日にアメフト部学生寮で大麻と思われる植物片が見つかります。

発見したのは競技スポーツ部を管轄する澤田副学長ですが、実はこの新しい火種は前年２０２２年の10月から燻《くすぶ》り始めていました。学生の保護者から部員が大麻を持っているという情報提供があったのです。

このときは、大学も学生寮の調査をしていますが、大麻の発見には至っていません。

ところが、翌年の7月6日に澤田副学長を先頭にかなり徹底的な捜索が行われて、缶の中のパケ（薬品を入れる袋）に入った大麻と思われる植物片が見つかります。

この情報が林理事長に共有されたのは、7月13日です。私たちにもすぐに共有されましたが、見つかってからすでに一週間が経っています。

もっと不可解なのは、大麻と思われる植物片が見つかったことが警視庁に通報されたのは7月18日、つまり発見から12日も経ってのことでした。いわゆる「空白の12日間」が大学の信頼を著しく失墜《しっつい》させたことは、その後の第三者委員会の報告書にある通りです。

マスコミや社会から「理事長はいったい何をしていたんだ」「グルになって隠ぺいしようとした」といった批判が集まるのは当然のことですが、そういう状況の中で8月2日の林理事長の発言が注目を浴びます。

すでに大麻と思われる植物片が見つかっていたのに「見つかっていない」と発言し、続く8月8日に酒井学長、澤田副学長とともに臨んだ記者会見でも、

「対応は適切だった」

「隠ぺいといわれる言葉がどこから出てくるのかまったくわかりません」

と発言したことで強烈なバッシングに晒《さら》されてしまいます。

理事会に情報を共有させなかった副学長

しかし、この一連の経緯に関しては、執行役員の一員として私にもいまさらながら補足しておきたいことがいくつかあります。

学生寮で植物片が見つかったという情報が理事会に共有されたのは7月13日ですが、そこから逮捕者が出る8月5日まで、事態の収拾にあたる澤田副学長が我々執行役員に一貫して主張し続けたのは「あれは大麻じゃなくてカスみたいなもの」ということでした。

大麻の一回の吸引量が約０・５グラムなのに対して、見つかった植物片は０・０１９グラム。

「こんな量では証拠にならないし、逮捕も起訴もできない。見つかったとは言えない」

これが澤田副学長の見解でした。法学部教授で元検事の肩書を持つ澤田氏の発言ですから説得力があります。

「これでは警察も逮捕することはできないけれど、所持していた学生には本人の将来のためにも自首を説得する」「自首扱いにするためには、こちらから証拠を提出するわけにいかない」という説明もありました。

我々理事会も、微量な植物片の存在だけが共有されていた当時は、澤田副学長に対する不信感ではなく、むしろ加熱するマスコミへの不信感のほうが強かったのです。

したがって8月2日の時点では、林理事長は「見つかっていない」と答えて、学生の将来を守らなければと本気で考えていたことになります。もちろん私自身もこの時点では林理事長と同じ考えでした。

「やっと改革に取り組み始めたばかりなのに、マスコミに上げ足を取られてはたまらない」と考えていましたし、「教学のことは、教学の担当者が適切に対応してくれる」と信じていたのです。

正確な事実は伝えられなかった

日大アメフト部が所属する「競技スポーツ部」は2018年の悪質タックル問題を受けて設立されています。

「学長によるガバナンスが直接及ぶ大学本部の教育研究事務部門」として各競技部を所管しますから、完全な〝教学マター〟、つまり学部長会議の管轄になります。理事会は口を挟めません。

先の林理事長の「対応は適切だった」という発言も、〝教学と経営の分離〟という大原則のもとで、学長と副学長に対する信頼と配慮から生まれた発言になってきます。

にもかかわらず、薬物汚染の十分な情報を共有させてくれなかったばかりか、事実を矮小《わいしょう》化する印象操作を続けたのは、澤田副学長をはじめとする教学の側になってきます。

少なくとも事実が正確に共有されていれば、また仮に薬物汚染から逮捕者が出るようなことまで予測されていたら、これはもう日大のイメージを失墜させる事件ですから、経営にも関わってくる大きな問題です。

理事会としても、たとえ〝教学マター〟とわかっていても追及しないわけにはいきません。

けれども、我々に提供されたのは正確な事実どころか、「あれ（見つかった植物片）は大麻じゃなくてカスみたいなもの」とか、「こんな量では証拠にならないし、見つかったとは言えない」といった矮小化された情報ばかりです。おまけに見つかった植物片を12日間も隠し続けて、警察には通報していません。

それなのに、不祥事が明るみに出ると、理事長を矢面に立たせて自分たちの責任は回避し、理事長の責任ばかり追及させようとしました。

けれども、アメフト部の薬物汚染事件はもう連日のニュースで取り上げられて日大への風当たりは強まる一方です。内部のゴタゴタが続けば続くほど日大のイメージは汚れていき、在学生は学ぶ意欲を失くしますし、受験生からもそっぽを向かれてしまいます。

あまりに姑息な私的会話の録音とリーク

加えて、文科省からもどう決着をつけるのかと突き上げられます。

すでに書いたように日大は２０２１年、２０２２年と2年連続で文科省の外郭団体が決定を下す私学助成金90億円が不交付となっています。もし、薬物汚染事件に対して曖昧な態度をとり続ければ3年連続で不交付となるのは目に見えていました。「なんとかして助成金交付の道を探りたい」と思うのは経営者として当然のことです。交付の有無が決定されるのは10月です。

アメフト部問題の管理・監督責任が酒井学長と澤田副学長に問われるのは誰の目にもあきらかです。そこで、まず執行部の意向として両氏への辞任勧告を決め、それを9月4日に林理事長が代表してふたりに伝えます。

ここから先は、すでに書いた通りです。

澤田副学長は辞任に難色を示したばかりか、林理事長との会話を録音して時事通信社にリークします。10月17日にはそのやり取りが詳報されます。しかも、部分的なやり取りだけ切り取って、時事通信社を通じて林理事長の発言を「世間体ばかり気にする発言」と批判したのです。

このあまりに姑息で非常識なやり方に、私は怒りと同時に強い危機感を持ちました。このままでは、すべての責任が林理事長に押し付けられてしまいます。

さらにマスコミでは事実でない形で、林理事長が理事らに、澤田副学長の解任を要求したニュースが流れ、しかも日大の広報部はそれを否定しませんでした。

そこで、私は独断で10月26日に日本テレビの取材に応じ、24日の理事会で澤田副学長の私的会話録音と漏洩を問題視し、理事のみなさんに責任をどう考えるのかを問いただした事実を話しました。

非常識がまかり通っていたとしか思えない組織

それにしても、不可解なことがあります。

17名の学部長（16学部と通信教育部）の中には改革に理解を示す人もいて、常識的な判断のできる人もたくさん混じっていたはずなのに、私的会話を無断で録音してマスコミにリークする行為を非常識と糾弾する人はひとりもいませんでした。

さらに、「それより理事会の内容を、マスコミの取材に応じて話すほうが悪い」という根本工学部長の発言に「それはちょっと言いすぎ」とか「和田常務理事は正規の取材に応じただけ」と私を擁護《ようご》する人もまったくいませんでした。

それだけ古い勢力が牛耳《ぎゅうじ》っていた組織ということなのですが、私的会話の録音など田中元理事長の時代から当たり前のように行われていたのかもしれません。田中前理事長の歓心を買い、ライバルを蹴落とすために会話を録音して「あいつ、こんなこと言ってますよ。どうしますか」と持ち掛けるようなことです。

これは私の懸念《けねん》に過ぎないかもしれませんが、非常識がまかり通っていた背景には、その非常識が常態化していた過去があったからだとしか思えないのです。

あるいは良識派の学部長たちでも、日大全体の改革よりまず自分たちの学部を守ろうという意識が先行したのかもしれません。

16の学部はそれぞれが全国に点在し、独立した単科大学のように運営されていましたから、連携もなければ日大としての一体感もあまりありません。全員が集まる学部長会議にそれほどの意義を感じていなかったというのもあるでしょう。

けれども、これでは学部長会議は形骸《けいがい》化したままです。声が大きくて発言回数の多い一部の学部長たちの思うままになります。そういう組織が日大の教学を掌握し、我々執行役員の提言を撥《は》ねつけている限り、どうがんばっても改革の進めようはなかったのです。

だから、私は常務理事になってすぐ、「これは喧嘩してもいいから、意見を通さないとダメだ」と気がつきました。

売り言葉に買い言葉で「辞めてやる」ではなく、「あなたも私的会話を録音してきたのでしょう」ぐらいのことは言って喧嘩してもよいと思ったのです。

何が起きても、改革は進めなければいけなかった

いま、こうしてアメフト部の薬物汚染事件を振り返ってみて気がつくことがあります。

2023年の7月からマスコミでは連日のように報道され、理事会と学部長会議が情報共有できずに反目し合った結果、世間の厳しい目が日大には向けられていましたが、私たち執行役員もその厳しい目に委縮しすぎなかったかということです。はっきり言えば、一《いち》スポーツ部の中のほんの一部の部員が起こした事件です。17の学部、7万人以上の在校生がいる日大全体を考えれば針で突いたような傷でしかありません。

もちろん無視することはできませんが、きちんと対応して責任の所在を明確にし、

しかるべき処分を実行すればよかっただけの話です。

何も理事会までが半年も振り回され、機能停止に陥る必要はなかったのです。

つまり、日大の改革のため、新しい日大をスタートさせるために集まった我々執行役員や理事は、周囲や世間がどんなに騒がしくてもやるべきことがあったし、事件への対応は対応として、ほかに優先させなければいけない仕事があったはずなのです。

学部長会議に残る保守的でマッチョな体質、職員の上層部に根付いてしまった官僚的な体質、そういったものを排除していくだけでなく、「日大は変わりつつある」「新生日大はもうスタートしています」というアピールは続けなければいけなかったし、そのために取り組まなければいけないこともいろいろあったのです。

それを全部、後回しにして、内部のゴタゴタ劇にただ振り回されてしまいました。

その結果、半年間も機能停止の状態が続いたのです。

できなかった改革、ふたつの誤算

あるいは、必要だったのは積極的な情報発信です。

マスコミ主導の情報の流出や独り歩きではなく、すべての事実をその時点で広報を通じて発表し、誤った情報には「事実ではありません」と否定するといった毅然《きぜん》とした姿勢があってしかるべきでした。

ところが、これも説明していきますが、日大本部の体質もあまりに官僚的で硬直化しているために、当時はただ漫然と様子を眺めているだけでした。

事実でないことがメディアで流されても、広報部は否定のコメントでさえ発表しません。そのうえ、個々が勝手に取材に応じることは許されず、「広報を通してください」と言わされていました。これではマスコミの不信が高まるのは当たり前です。

そういう経緯で、マスコミも関係者から流れてくる情報だけを追いかけ、事実が伝わらないという悪循環を繰り返していました。これだって、林理事長が一喝して広報を動かせば済んだ話です。

林さんから「日大改革に力を貸してください」と言われたときに、大学の改革そのものにさまざまなプランを持っていた私は、ふたつ返事で引き受けました。

それがわずか一年半で辞任せざるを得なかった原因は、ふたつの誤算があったからです。

ひとつはまず、ここまでに書いたような組織の壁です。

想像以上に官僚的で部外者の提案や改革プランを受け付けない二重三重の構造ができていて、次第に無力感すら生まれてきました。

もうひとつは、これもまったく意外だったのですが、林理事長の気の弱さでした。

とにかく争うのが嫌い、突き上げられれば黙ってしまう、八方美人のように周囲に気を遣い続け、理事長の地位にしがみつこうとしました。

おそらく、ほかに引き受け手のないポストですから、周囲とさえうまくつき合えば、チヤホヤされて権力者の気分を味わえるのかもしれません。

それで満足できるというのでしたら、「どうぞ、ご自由に」というのが、いまの私の正直な気持ちです。

第2章

大学の魅力は「人」で決まる

「志願者25パーセント減」が突きつけたもの

今年（2024年）3月、日大の受験志願者総数が発表されました。前年が9万8506人で、今年が7万5839人。ある程度、予想されたこととはいえ、前年に比べて2万人以上減って約25パーセント減という、まさに激減という結果でした。

私はこの時点ではもう日大とは関わりが絶えていました。「改革はその後どうなっているかな」という関心はありましたが、辞めてしまえばもう外部の人間ですから、情報はまったく入ってきません。最初に知ったのがこのニュースでした。

もちろんアメフト部の事件が影響しているせいでしょうが、実はそれ以前から日大の人気は下がり続けていました。

たとえば、「日東駒専」という言葉があります。受験生の親でなくても知っている言葉で、首都圏の中堅私大、日大、東洋大、駒澤大、専修大の4大学を指しています。

かつて２０１８年頃までは、このグループの中では日大が頭ひとつ抜け出ていました。ところが、その後、日大人気はどんどん低下し続けて、東洋大のほうがはっきり上位とされるようになっています。もし両方の大学に受かったら東洋大に行く、という学生のほうが増えてきたのです。定員は日大の半分にも満たないのに、志願者数も２０２４年は東洋大は10万人を超しました。

２０１８年は例の「悪質タックル事件」の起きた年ですから、そのときもイメージダウンが大きかったと想像することはできますが、受験生はそういうイメージより大学そのものの魅力で進学先を決めるはずです。つまり、学部そのものの魅力やキャンパスの魅力がなければ選びません。

ところが、学部の魅力といっても実際に進学してみなければわからないし、授業の質もわかりません。すると「いい大学だな」とか「面白そうな大学だな」と感じさせる明るいイメージが大事になってくるはずです。同じイメージでも、学ぶ場所としての明るいイメージが必要になります。

スポーツがどんなに強くて盛んでも、一般の学生には関係ありません。箱根駅伝ぐらい注目されるスポーツなら、優勝すれば明るいイメージをつくれますが、はっきり言って、アメフトや相撲がどんなに強くても、大学そのもののイメージアップにはつながらないのです。

大学の魅力は「人」で決まる

では、大学の魅力は何かといえば、私は「人」だと思います。

大学で「人」といえば、教授や研究者です。若くてもユニークな研究者や、キャラクターが濃いというか個性的な教授がいればマスコミにもしばしば登場するし、登場すればプロフィールに必ず大学名と学部名が紹介されますからとてもいいＰＲになります。

あるいは学長です。かつては地味で堅物のイメージが強いうえに学生運動が盛んだったため女性には人気がなかった法政大学は、バリバリの左翼学者だった田中優子さんを総（学）長に迎えたことでイメージ一新、女子学生の入学者が増えました。関西を見渡せば近畿大学の人気上昇が目につきますが、ここも水産学部の「近大マグロ」で一躍全国の注目を集めるようになりました。ユニークな研究者がいたからできたことです。

日大も個性的な教授や研究者をどんどん採用して、「あの学部には面白い先生がそろっている」という評判が立てば、入学志望者の増加につながっていくはずです。林さんを理事長に迎えたのも、理事長が女性に替わることで、それまでのマッチョなイメージが一新され、女子生徒の志願者が増えることを期待したからでしょう。

けれども、「優秀で個性的な教授や研究者を外部からもっと引っ張ってこないと」という提言をいくらしても、「教学に口を出すな」と牽制されます。学部長たちはそれぞれ独立した大学の学長のような権力を握っていますから、自分たちの既得権は譲りたくないのでしょう。

大学の魅力は「人」で決まると考えれば、教員人事も経営そのものになってきます。そこがまったくわかってもらえなかったのです。

大学病院の大名行列など、医療の邪魔になるだけ

医学部を例に、説明してみます。

東京の千代田区神田駿河台《するがだい》に日本大学病院があります。駿河台はJR御茶ノ水駅のすぐ近くですから立地は非常にいいのですが、そのわりに知られていません。同じ御茶ノ水駅のすぐ近くに東京医科歯科大学病院と順天堂大医学部附属順天堂医院があるからでしょう。こちらは外堀を渡った場所なので文京区になりますが、どちらの病院も駅の改札を出るとすぐ目の前に建物が見えますから、とても目立ちます。しかも、医科歯科大も順天堂大も医療系の大学として知名度も高いので、利用者はどうしてもこちらを選びます。日大は学部の数が多いために医学部の存在感が薄れているのが現状です。

したがって、同じ御茶ノ水に立地する日大病院は、同じ私立ながら黒字経営の順天堂医院と競っても勝ち目はなく、ずっと赤字経営が続いていました。

ネームバリューだけでなく、順天堂大医学部と比べて日大医学部は、教授の数でも見劣りしています。順天堂大は２２０人を超える教授がそろっているのに、日大はわずか50人程度です。患者さんとしては、どうせ診てもらうなら教授のほうが安心でしょう。

ですから、もっと外部から優秀な医者をスカウトするとか、准教授を昇格させるとか、とにかく日大病院も教授陣を充実させるべきだと提言しても却下されます。私は、大名行列を長くするために教授の数を増やさないようにしているとしか思えません。

大名行列というのは例の「○○教授の回診です」で始まる、教授を先頭にして准教授や講師、医局員から看護師までがぞろぞろと連なる行列のことですが、教授の数が少ないほどこの列は長くなります。日大医学部が教授を増やさないのは、そのためとしか思えないのです。

赤字体質の日大病院を変える方法

同じ御茶ノ水に立地し競合するふたつの有名大学病院には、まともにやっても勝ち目はありませんから、特色のある病院にしなければいけません。

そこで私が考えたのは、救命救急医療の充実でした。というのも、日大病院が立地する千代田区は、都心のわりにちゃんとした救急を行っている病院が意外に少ないのです。千代田区の救急指定病院になれば、文京区の病院とは競合しなくて済みます。

あるいは、千代田区というのは、たとえば大手町などビジネスエリート、かなり高収入の住民が多いエリアですが、しっかりとしたメンタルケアができる病院がほとんどありません。だから、駿河台に「心のケアセンター」をつくりたいという考えが私にはありました。というのも、日大の文理学部の大学院には臨床心理士養成のコースがあるからです。

日大医学部にはもうひとつ、都内板橋区の日大板橋病院（日本大学医学部附属板橋病院）があります。

不思議なことにこの病院も赤字体質です。大学病院が赤字ということはあまりないのですが、ここもなぜか赤字が続いています（コロナ禍の最中は補助金で、かろうじて黒字でしたが）。教授が少ないのも同じだし、特色がない、地域の特徴やニーズを活用できていないという欠点がありました。

実は、板橋区というのはとても特徴的な個性のあるエリアです。たとえば近くの高島平団地は、約50年前にできた団地ですから高齢化がどんどん進んでいます。ですから、そういう住民のために「都会暮らしの高齢者医療」を特色とした部門をつくれば、利用者の増加が望めます。

実際、順天堂大は江東区に「順天堂大学医学部附属順天堂東京江東高齢者医療センター」をつくっています。競合相手にはそうした先見の明があるのに、日大医学部はただ漫然と赤字経営を続けているだけなのです。

立ちはだかる「日大純血主義」

しかし、医学部病院の改革で私がいろいろな提案をしても、酒井学長には一蹴されました。とにかく「教学に口を挟むな」の一点張りです。

ちなみに駿河台の日大病院は本部の直轄ですが、人事だけは医学部が握っています。教授を増やすとか外部から優秀な医師を招きたいと思っても、学部長がうんと言わなければ実現できません。

その点で、独裁制を敷いて日大を思うままにした田中元理事長には、私から見ると一定の経営センスがありました。決して田中元理事長を擁護するわけではありませんが、田中時代には駿河台の日大病院の病院長は日本医科大学出身、日大板橋病院の病院長は群馬大学出身と、外部の人が重要なポストに採用されていました。

けれども、田中元理事長が追い出されると、木下浩作医学部長はどちらの病院長も追い出して、また日大医学部出身の院長に変えました。頭の硬い学部長が人事権を握っている限り、日大純血主義は変わらないのです。

アメフト部の薬物汚染事件を調査した第三者委員会の報告書にも「（日大は）もっと外部の人間を有効活用すべき」との指摘があります。

一連の事件が、古くから居座る日大内部の責任者や監督者によって隠蔽《いんぺい》されてきた、この「日大純血主義」が原因だったことに気づいたのでしょう。

日大本部にまだ残るパワハラ体質

こういった体質は、学部に限ったことではなく、本部にもありました。

本部の管理職にも田中元理事長の息のかかった人間が多数残っていましたが、それを聞きつけた林理事長と私が相談して、特に問題と思われた総務部長と人事部長のふたりを学部に飛ばして新しい総務部長と人事部長に入れ替えます。

「まだまだこれだけじゃ何も変わらない」と思った私は、人事部長に本部の管理職の候補になる人を経験者採用で公募してほしいとお願いして、経験者採用（田中時代から絶えていた）が行われました。

実はそのとき、私は知人の女性に声を掛けていたのです。大変経営状態のよい医学部を有する他大学で管理職を務めていた人で、ちょうどぶらぶらしていたので受けてみるように勧めました。もちろん本部に彼女が受験することはいっさい話していません。ほかの志願者と一緒に普通に受けて、結果は不採用でした。

そこで人事部長に「どうして落としたのか」と訊いてみました。答えは「志望動機を一言も答えられなかった」でした。

採用面接で志望動機を聞かれてそれに答えるというのは、イロハのイです。ほかの大学で管理職まで務めた人が一言も答えられないというのはあまりに不自然です。でも「事実だからしょうがない」と言います。

そこで、私は彼女と連絡をとってどういうことなのか聞いてみました。すると驚くような説明をされました。彼女は面接で、履歴書に目を通している人事部の人間からいきなりこう言われたそうです。

「こんなちっちゃい大学で管理職やったぐらいで、この大学で通用すると思ってんのか！」

いきなりそう怒鳴られたら、誰だってもう採用されたくなくなります。そのうえ、「で、何しにこの大学に来たの」という形で志望動機を聞かれたそうです。これでは返事ができなくなるのは当然です。

彼女はもう「日大なんか見たくもない」と言っています。いまは一部上場企業にちゃんと経験者採用されて働いている優秀な女性なのです。この女性はもう、日大のことは忘れてしまいたいのだと思いますが、裁判でも起こして経緯が明るみに出れば、日大管理職のこうしたパワハラ体質もやり玉に挙げられるはずです。

会議の内容が非公開になった理由

つまり、田中色の強い人間を本部から追い出しても、日大の体質はそのまま受け継がれていたということです。

本部ですらこうなのですから、いくらメンバーを入れ替えても田中時代の学部長が残っていた学部長会議の体質が変わるわけがありません。

理事会のメンバーは一新されましたが、学部長会議は加藤直人学長、つまり田中時代を受け継いだ学長のときと同じ顔ぶれのままでした。人数だけは田中時代に採用された人は大幅に減りましたが、牛耳っていたのは田中色の強い学部長たちです。

こう書いていてもウンザリするのですが、要するに既得権益にこだわる極めて官僚的な体質は何ひとつ変わっていなかったし、採用面接でいきなり恫喝《どうかつ》した人事部の人間のように、声の大きな人間に組織全体が牛耳られているようにしか、私には見えません。

そういう雰囲気の中で、リーダーシップを発揮するというのは林理事長には重荷が過ぎたのかもしれません。

私は、常務理事を引き受けたとき、「理事会とか学部長会議の内容は全面公開の方向でやりましょうね」と林さんと話していましたが、彼女はそれも怖気《おじけ》づいてやめてしまいました。

「もし、理事会でそれが否決されたら、理事会運営がやりにくくなる」というのがその理由でした。

もうちょっと気の強い女性かと思っていたのですが、想像以上に気が弱くてちょっとしたことにもビクビクし、自分の身の保全を考える彼女には、理事長という立場は荷が重かったのかもしれません。

「ほとぼりが冷めれば人気は戻る」と考えているのか

それでも、アメフト部の事件のときでも、もっと堂々と日大内部の隠蔽体質を糾弾したり、あるいは広報にも正確な情報をマスコミの憶測が流れる前に公表するように指示したり、世論を味方につける方法はいくらでもあったはずです。

いちばんの敵は学内の守旧派なのですから、その敵と戦う勇気さえあれば世論も後押ししてくれたと思います。そこで初めて新しい日大の一歩が踏み出せたはずなのです。

ところが、林さんはビクビクしながら学部長たちの圧力に負け、私を辞めさせ、とりあえず学部長会議とは平穏な関係を取り戻しました。リーダーシップを失ったかわりに、理事長のポストを守ったのです。

アメフト部の薬物汚染事件は、もう決着もついたしマスコミも追いかけてきません。このまま騒ぎが収まれば、いずれは受験者も増えて25パーセント減も元の数に回復するだろうと思っているのでしょう。

けれども、経営のトップにいる人間がいくら楽観視していても、現場には危機感を抱いている人がいます。

たとえば付属高校の校長です。日大ブランドが人気を失えば、日大付属という名称も魅力がなくなります。受験志願者が減るのは大学だけでなく、高校だって同じです。

したがって、校長の中には「酒井学長と澤田副学長は辞めさせるべきだ」という意見がありました。そもそも学部長たちに危機感はありません。私が学部長会議で「このままで学部は大丈夫なのか」と訊いても、大丈夫と答えた人はいても心配だと答えた学部長はいませんでした。その結果が受験志願者25パーセント減という冷徹な現実だったのです。

たしかに、林さんが考えているように、５年、10年と時間が経てば日大の受験志願者も回復するかもしれません。けれども、そのためには、やはり大学そのものを変えていかなければいけません。受験生にとって魅力のある大学にしない限り、定員割れだけはない程度の、レベルの低い大学に甘んじるしかなくなってしまいます。

このままでは、日大は下位グループに呑み込まれてしまう

日東駒専の話をしましたが、かつてこのグループで頭ひとつ抜き出ていたはずの日大は、いまや東洋大に人気の面でも入試偏差値の面でも後れをとっています。

駒澤大や専修大も女子学生の人気を集め始め、箱根駅伝での活躍もあってイメージアップしています。

このまま日大が受験志願者数を減らし、入試偏差値を下げていくと、さらにその下のグループ、いわゆる「大東亜帝国」に呑み込まれてしまう可能性だってあります。これも説明すると、大東文化大、亜細亜大、帝京大、国士舘大のことです。

受験生は志望校を決めるときに、自分の学力より少し上の大学を目指そうとします。たとえば日大には合格できてもＭＡＲＣＨは難しいかなという受験生は、目標を当然ＭＡＲＣＨに置きます。少なくとも日大より入りやすい大学を志望校にはしないでしょう。

ということは、「ＭＡＲＣＨ志望の受験生が、志望校のレベルを下げて日大を目指すケースはない」ということです。

日大を目指すのはその下のグループに属する大学の志願者ということになります。そういう受験生は、「もっと上を狙いたい」と思ったときに日大なら手が届くかなと考えます。

これが繰り返されれば、どんな大学でも少なくとも入試時点での学生のレベルを下げていきます。「大東亜日本帝国」と呼ばれる日も近いのかもしれません。

学力格差の中身は「意欲格差」でしかない

「大学を入試の偏差値だけで判断するのは間違いだ」と思う人もいるでしょう。「入学時点での学力より、4年間でどれだけ学ぶかが大事なはずだ」と考える人です。

でも、私は学力格差というのはつまるところ「意欲格差」だと思っています。受験時の学力はその受験生がどれだけ意欲を持って勉強してきたかで決まるからです。

入試偏差値の高い大学には、それだけ意欲の高い学生が集まります。どんなに優秀な教員をそろえても、学ぶ学生に意欲がなければ4年間は無為に流れますが、意欲の高い学生が集まっていれば、教員の教え方次第で充実した4年間が送れるはずなのです。

もちろん、意欲のない学生をやる気にさせる優秀な教員もいますが、意欲のある学生を集めたほうが有利なのは間違いありません。

受験生に「Fランク」、通称「Fラン」と呼ばれる入試偏差値の低い大学があります。そういう大学を出た学生が「どうせろくな会社に就職できるわけがないから、起業するか」と考えるかといえば、それもほぼなくて、ただ漫然と会社勤めをすることになります。そして、景気が悪くなると正社員での就職も困難になります。

むしろ卒業生に起業家が多いのは東大なのです。これも意欲が高いからでしょう。

常務理事になってわかったのですが、日大にはまだまだ意欲の高い学生が集まっています。卒業生の社長数がナンバーワンというのは、親が社長という学生が多いということもありますが、社会に出たあとで起業する卒業生が多数いるからです。それだけ人生に対して意欲的だということです。

あるいは、司法試験合格者です。日大ロースクール（日本大学大学院法務研究科）から２０２２年の司法試験合格者は24人も出ています。この数は国立も含めた全国の大学の中で11番目、私立だけならベスト5に入ります。

ご存じのように私立といっても、早慶や中央大のような司法試験に力を入れている大学法学部は多いのですから、日大法学部のこの数字はもっと自慢してもいいはずです。

それなのに２０２４年の受験志願者激減の中で、特に大きく志願者を減らしたのが法学部でした。付属高校の校長先生たちも危機感を抱いているのに、「大丈夫だ」と胸を張った学部長にはあきれるしかありません。

商学部や経済学部も司法試験以上の難関とされる公認会計士試験の合格者を出しています。決して日大の学生は意欲が低いわけではないのです。

Fランと呼ばれる大学の何がFなのかといえば、入学した時点ですでに意欲が失われているからです。一部の学生を除けば「どうせこんな大学に入っても」というあきらめがあります。いくら優秀な教員を採用しても、学生に学ぶことへの意欲や関心がなければ成長は望めません。

その点で、日大には可能性がありました。

私も日大に就職してから知ったのですが、たとえば学生たちを鼓舞《こぶ》しようと考えて、ホリエモンや落合陽一さん、茂木健一郎さんといったゲストを呼んで講演会を開くと大勢の学生が詰めかけて質問もどんどん飛び出します。たとえば、ホリエモンにやり込められても食いついていきます。ほかの大学ではあまり見られない光景です。

ポテンシャルの高い学生が多いのに、受験志願者数が減ることでレベルが下がってしまうという危機感を持つ学部長はいないのです。

学部連携に可能性はいくらでもあった

理系に目を転じても同じです。

例を挙げれば、理工学部のＤＸ技術は私から見てもかなり高いレベルにあります。

この技術を生かせば、全国に散らばる各学部の連携もどんどん可能になっていきます。たとえば、まったく接点のない芸術学部と工学部が連携して面白いロボット、個性的なロボットをつくることも可能なのです。あるいは、工学部と医学部が連携すれば手術ロボットをつくることもできます。

そして、私がいちばん現実的な可能性を感じたのはやはり医学部でした。

というのも、先ほど説明したように日大のふたつの病院はどちらも経営的にうまくいってませんでした。それだけではありません。日大には歯学部もふたつあり、それぞれに病院が付属しますから板橋と駿河台に加えて全部で四つも病院があることになります。歯学部はなぜか千葉県松戸にもあって（日本大学松戸歯学部）、同じ駿河台の日本大学歯学部付属歯科病院に加えての日本大学松戸歯学部付属病院です。ややこしいですが、とにかくこの四つの病院がバラバラに散らばっています。

そして、どの病院も電子カルテで頭を悩ませていました。松戸歯学部付属病院は年間の売り上げが20億円前後しかないのに、電子カルテに２億円もかけているありさまでした。

もし、理工学部と連携して四つの病院で共有できる電子カルテをつくってもらえば、全部合わせても1~2億円程度で済むようになります。全体でかなりの経費削減ができるはずです。しかも、共有カルテなら、日大病院の患者がそのまま駿河台の歯学部病院で診てもらうこともできますから、患者にとってもすごく便利になります。

とにかくやろうと思えば、さまざまなプランが浮かんでくるし、日大ならそれらがすべて実現できるはずなのです。

実現できなかった「医療系総合大学」構想

この大学に関わり始めた当時の私には、もっとスケールの大きなプランもありました。

日大には薬学部もあります。学部の数が多すぎてひとつひとつが埋没してしまうせいか、あまり目立ちませんが、「医・歯・薬」とすべてそろっているのです。あるいは4年制の看護学部はありませんが、医学部付属の看護専門学校もあります。さらには、静岡県三島市には短大ですが栄養学科もあります。

このふたつを4年制の学部に昇格させて、駿河台に集めることができれば、医療系の総合大学が日大の中にできることになります。しかも千代田区という都心ですから日大のイメージも大きく変わってくるはずです。

実はそういう構想は、日大を追われた田中元理事長も考えていたようです。独裁者でも経営者としての意識は決して低い人ではなかったことになります。

しかも、この構想にはさらにふたつの大きなメリットがありました。

すでに書いたように、付属高校の不満は女子生徒を日大に推薦入学させたくてもその受け皿がないことでした。その問題が解決されることと、栄養学部や看護学部ができれば、女性の学部長が誕生する可能性があることです。

保守的で大声を出すばかりの学部長会議に女性が参加するようになれば、ずいぶん雰囲気が変わってくるはずなのです。

言い訳のうまい医者より、手術の上手な医者が信用される

医学部の話をもう少し続けます。

私が執行役員になったときに強く望んだのは、医学部の入試面接を廃止することと、授業料を値下げすることでした。

国立も含めた全国82の医学部には、すべて入試面接があります。その中でもし、日大医学部だけが面接を廃止すれば、それだけで大きな話題となります。そこに授業料の値下げが加われば倍率も高くなり、当然、偏差値も急上昇します。

ご存じのように私大医学部では相当の病院収入があるので、一年間の授業料を150万円くらい下げても病院の収入でまかなえるはずですし、入試偏差値が上がれば付属病院への信頼感も高くなります。大学病院というのは偏差値の高い大学ほど利用者の数が増えるのです。私が当面の医学部経営の手本としていた順天堂大学は、

授業料を下げて偏差値を上げることで病院の人気が大幅に上がりました。

日大だけ面接を廃止すれば、少しぐらいコミュニケーションが苦手でも頭のいい学生が集まります。

逆にいまのままでは、いくらペーパーテストで高得点でも、面接で落とされれば不合格になってしまいます。

けれどもコミュ力がないとか、態度が悪いと判断された受験生の中には、たとえばアスペルガー症状が見られるような個性的な受験生も含まれています。これは発達障害の研究の第一人者でケンブリッジ大学教授のサイモン・バロン＝コーエンが言っていることですが、自閉症系発達障害の人たちはとても凝り性ですから、高いレベルの研究をしたり、手術の達人になったりすることがあるのです。

そもそも、入試面接を担当するのは学生を指導する教授たちですから、聞きわけのよさそうな、素直そうな受験生を選びます。反抗的だったり質問に答えなかったりする受験生、言い換えれば教えにくい学生や、自分に逆らいそうな学生は落とそそうとします。

ですが、医学もまだまだ未完成な学問ですから、教授の言うことを鵜呑みにする学生や教えられたことしか試そうとしない学生がいい医者になれるとは限りません。むしろ、発達障害でも自分の興味を追究する学生のほうが、レベルの高い研究をしたり、あれこれ試して手術の腕を上げていったりするケースが多いのです。

そういう医者が増えてくると、医学部の評価も高まります。「日大には手術の上手な先生がそろっている」という評判が立てば、付属病院には患者が押しかけ、入試の偏差値もますます高くなっていくでしょう。

つまり、「手術はへたくそだけど、言い訳のうまい先生」と「不愛想だけど手術はめちゃくちゃ上手な先生」のどちらがいいのかということです。コミュ力など、6年間を通して少しずつ身につけてもらえばいいのです。私なども発達障害でしたが、精神科医となってからコミュニケーション力をつけていったのですから。

けれども、私がそう言っても林理事長は反対しました。「いくら勉強ができても、性格の悪い学生は入れたくない」と言うのです。

入試面接など、いくらでも対策がとれます。面接で好印象を与えるコツを指導している塾や予備校もあります。そこで練習して芝居のうまくなった受験生のほうがよほど怖いと私は思っているのですが、あくまで和にこだわる林理事長には理解してもらえませんでした。

ついでに言うと、日大医学部の校舎にはエレベーターがありません。入試面接で学力の高い身体障害者を落としているのではないかと私は疑っています。こんな差別が許されるのでしょうか。

とにかく、日大には掘り起こせるたくさんの可能性があります。

大学の魅力は「人」で決まると書きました。マッチョで声が大きいだけの学部長たちも、本部の管理職も「人」に違いありません。

意欲のある学生がいて、高いレベルの研究や技術力もあるのに、それを活かせるか活かせないかも、すべて「人」で決まってくるのです。

第3章

船頭が多すぎた巨艦・日大丸

権力が分散している巨大教育機関

日大は16もの学部が全国に散在していますが、基本的にそれぞれの学部は独立採算制となっています。各学部長の権限がそれだけ大きいということです。

赤字の学部はどうなるかといえば、本部が助けてくれるかどうかにかかっています。ということは本部の官僚組織も強い権限を持っていることになります。

ちなみに、学部長選挙には事務職員の票も加わります。当然、上級職員の意向が学部長選出に反映されることになります。

そう考えてみると、日大という巨大組織には権力を持つ人間が分散していることになります。すると、まとまりがなく、一筋縄ではいきませんから改革は難しい、まさに「船頭多くして」の弊害《へいがい》があったのです。

そういう意味では、良い悪いは別として田中元理事長は日大をうまくまとめていたことにもなります。強引な経営方式というのは、トップの号令ひとつで組織が動きますから、進む方向が決まりやすいし迷うことがありません。

学生運動が盛んだった１９６０年代当時、いちばん先鋭的な闘争を繰り広げていたのが東大と日大でした。

東大は安田講堂占拠で学生運動のピークを迎え、日大は両国講堂での大学経営陣との団交でピークを迎えましたが、そのときの日大の古田重二良《じゅうじろう》会頭のボディガードとなって全共闘学生と対峙したのが、当時相撲部主将だった田中元理事長ですから、彼は叩き上げの旧体制維持派だったことになります。

不可解な組織「競技スポーツ部」

その田中元理事長がつくった組織が、今回事件を起こしたアメフト部が所属する「競技スポーツ部」でした。

これも不可解な組織で、一般の人にはわかりにくいでしょう。部という名前がついても学部ではありません。いわゆる競技スポーツを行う部をひとつのグループにまとめたカテゴリーにすぎないのですが、どこの大学にもある運動部とは違って、さまざまな優遇措置があります。

田中元理事長が逮捕されて退いたあと、この競技スポーツ部を引き継いで全権を握っていたのは澤田副学長でした。ここにもいろいろな因縁があって、2018年に悪質タックル事件が起きたとき、田中元理事長は「教学だから学長の責任だ」と逃げてしまいましたが、今回のアメフト部の薬物汚染事件では、澤田副学長は林理事長に責任を押しつけようとしていました。

競技スポーツ部に所属する部は、素質のある高校生を全国からスカウトすることができます。入試を受ける場合も点数が上乗せされたり、授業料が免除されたり、入学すれば奨学金ももらえます。グラウンドも優先的に使用できるなど、一般の運動部よりはるかに格上の待遇を受けることができます。

しかも、グラウンドや競技場に近い場所に寮があって、そこでの集団生活となりますから、まさにスポーツ漬けの大学生活を送れるのです。

入学時の学部は大半が通信教育部ですが、3年時になると一般の学部に編入されるケースも珍しくありません。

通信教育部には、社会人も含めて働きながら学習を続ける生徒がたくさん在籍していますが、競技スポーツ部の学生は寮生活で衣食住の心配もなく、ただ自分の好きなスポーツにだけ打ち込めば実質的に大卒の資格が取れるのです。授業料免除で奨学金支給というのは小遣い付きのようなものですから、アルバイトをする必要もありません。

日大「競技スポーツ部」の問題点

私が見る限り、田中元理事長時代の遺物とされるこの組織のまずいところは、とにかく全国から有能な選手を集めて強くするために、入部させる選手の身体調べ、つまり素行調査が疎《おろそ》かになっていたということです。今回、薬物汚染事件で逮捕されたアメフト部員たちも田中時代にスカウトされた学生たちでした。

もちろん、たとえ高校時代の素行に問題があったとしても、日常の練習や寮生活の中できちんとした指導がなされていけばいいのですが、日大のような都内各地に点在する競技スポーツ部の寮生活には、指導者の目が届かない部分もたくさん出てくることになります。

アメフト部にはその後、事件を受けて廃部の結論を出しました（2023年12月の理事会で決定）。その際、競技スポーツ部から一般の運動部への降格という案も出ましたが、世間の人にはわかりにくい措置、つまり運動部として存続するなら同じことと受け止められる可能性があるために廃部にしたという経緯があります。

日大競技スポーツ部の内実を考えると、さまざまな特典や利益がすべて失われるということになる運動部への降格というのは、かなり厳しい処分という気がしますが、ようは競技スポーツ部というものがそもそも不可解な組織なのですから、ここを変えない限り本質的な改革にはならないはずです。

むしろ、アメフト部の薬物汚染事件は、日大の徹底的な組織改革のためにも、すべての膿を出してしまうチャンスでもあったはずです。

ところが私の辞任後の２０２４年5月には、アメフト部の後継組織が、新しく設立された「競技スポーツセンター」の所属として発足するというニュースが流れました。事件に関与していない元部員と入部予定だった新入生に対し、グラウンドやトレーニング施設などの利用を認めることをあきらかにしたのです。

私は、いずれ競技スポーツ部的な組織そのものが解体されるはずだと考えていましたが、どうやらそれも難しいようです。

学部長会議を仕切る田中時代からのメンバーたち

日大の各学部は独立採算と書きましたが、赤字学部のひとつが静岡県三島にキャンパスのある国際関係学部でした。

渡邊武一郎国際関係学部長は田中元理事長の時代に選ばれて、そのままもうかなり長い期間、学部長の椅子に座り続けていました。

林理事長になって理事会はメンバー一新、田中色を払拭しましたが、学部長会議には田中時代からのメンバーが数多く残っていると私がある雑誌に書いたとき、林理事長からその部分にもクレームが入っています。

いわく「田中時代の学部長はいま3分の1くらいしか残っていない」というクレームですが、17人の学部長（16学部プラス通信教育部）が集まる学部長会議を実際に取り仕切っていたのは、その田中時代からの学部長たちでした。

数は少なくても、発言の回数も多く、声も大きいので、この彼らの意見だけで会議の内容や結論まで決まっていたのが現実です。

中でもいちばん発言の多かったのが、渡邊学部長です。議事録でも確認できることですが、この田中時代からの古株が学部長会議を主導し、ほかの人たちは遠慮していたという印象があります。

そして、渡邊学部長は、会議のたびに国際関係学部が地の利が悪いために教員が集まらないとか、ほかの学部から人を回してほしいといった話をいつもしていました。

まるで立地の悪さが赤字の原因と主張しているようにしか聞こえませんでしたが、不便な場所にあっても、教育の充実をはかって学生を集めている大学はいくらでもあります。

日大を動かす「三島の船頭」の正体

ところが私が日大を辞職してからのある日、元日大国際関係学部教授の方が私に話を聞いてほしいと訪ねてきました。内容は、渡邊学部長が長い間その座に居座り続けて専横な学部運営を行っているということでした。

その一例として、その元教授は、５人ほどの名誉教授の有資格者がいるのに、渡邊学部長が学部の会議で「日大に貢献してない」と決めつけて握りつぶしているということを教えてくれました。

日大の場合、３つの条件を満たしていれば名誉教授になれます。

①15年間の教授経験
②推薦者10人以上の署名
③推薦基準6項目のうち3項目以上をクリアすること

の3つです。この3項目を満たしていれば日大に貢献してきたとみなされ他学部では自動的に名誉教授になれるのに、この学部ではそれでも日大に貢献していないとみなしてしまっているとのことでした。

そこで調べてみると、国際関係学部ではこの10年でひとりしか名誉教授になっていません。ほかの文系学部は、法学部が10名、文理学部が15名、経済学部6名、商学部9名ですから、極端に少ないのです。

話をしてくれたこの元教授は、学部の会議で渡邊学部長が「学部に貢献してない」と決めつけてしまい、学部長会議に推薦しないで握りつぶしていると言います。

さらに渡邉学部長は、気に入らない准教授をまったく教授に格上げしないので、慢性的に教員が不足しているとも訴えました。この話が事実だとすれば、三島校舎の教員不足は渡邊学部長本人のせいということになります。

さらには、在京の放送局で長年、国際ニュースの解説を行い、京都大学で博士課程まで優秀な成績で終えた私の知人が、公募でこの学部を受けて落とされたという話も聞いています。

要するに、渡邊学部長は学部長の権力を手放したくなくて専横を繰り返しているだけということになります。そのことで、むしろ有能な教員を排除しているとしか思えません。

これが、日大という巨艦を動かす船頭ひとりの正体です。

飛ばされてしまったふたりの病院長

２０２１年に田中元理事長が脱税で逮捕されたのは、日大板橋病院の建て替えをめぐる日大元理事らによる背任事件が発覚したからでした。日大は各学部が膨大な不動産を所有していますから、その管理や運用だけでもさまざまな利権を生みやすいという体質もあります。

日大板橋病院については、私が常務理事在任中にも建て替え要請がありました。病院本体の建て替えに予算1000億円です。「高いな」と思いましたが、医学部棟の建て替えも含めて1200億円までは認めました。

ところが、いつのまにか、医学部の建て替えの関連費と工事期間中の赤字を合わせて約380億円の予算の上乗せがなされていたのです。私としては「高い」と思いつつ1200億円までは認めても、後出しの380億円を認めるつもりはありませんでした。これは経営を管轄する執行役員として当然の判断です。

そこで、「建て替え中でも病院経営を黒字にする対策を示してほしい」と要請しました。取り壊すわけではありませんから、なんらかの方策は講じられるはずです。

この要請に対して、病院長は努力する約束をしてくれました。病院長ですから経営責任があります。ちゃんとした人物だったのです。

ところが、木下医学部長はこの病院長を飛ばしてしまいます。すでに書きましたが、この病院長は東大医学部の助教授から日大の教授となり、長年副院長を務めたあと病院長になった経営の勉強も熱心に行う人物で、日大出身ではありません（出身は群馬大学）。それを木下医学部長は日大出身の病院長に替えてしまったのです。

同じことは駿河台の日大病院でも行われました。ここもやはり、日本医大出身の病院長だったのが、やはり日大出身の病院長に替えられてしまいます。

どちらの病院も、人事は医学部が握っています。私は人事こそ本部が管轄すべきだと思っていましたが、どうにもなりません。

自由は本来、戦って勝ち取るもの

私が言いたいのはこういうことです。

たとえ田中色を一掃しても、残った学部長が「ミニ田中」になってそれぞれの学部を思うままに操ったのでは何も変わらないということです。

田中元理事長はたしかにすべての権力を握って、日大という巨艦を自分の思う方向に引っ張っていき、失脚したあともその弊害があちらこちらに残されました。競技スポーツ部もそのひとつです。

けれども、残された田中残党や田中的な旧来の組織体質が自分たちの利権に執着して、日大を思い通りに動かそうとしている限り、もっと複雑で規模の大きな弊害が生まれてくることになります。

そこに乗り込んだ林理事長には、改革以前にまず二重三重に立ち塞《ふさ》がる船頭たち（田中時代の残党）と戦わなければいけません。

加えて「経営側は教学に口を出すな」というトラウマも残っていました。いくら理事会のメンバーは一新できても、敵は以前より強固になっています。

その相手と戦うためには、たとえ抵抗されようが逆襲されようが、既得権益に斬りつける覚悟が必要になってくるはずです。理事長というのは経営のトップです。大胆な提案をしても理事会は後押ししてくれるでしょう。

林さんも理事長を引き受けたときに、日大をもっと「自由度の高い大学」と思っていたはずです。だからこそ、改革のために選ばれたのだと信じていたし、実際、就任当初はそのつもりでいたはずです。

周囲を丸く収めて、チームワーク優先で大学経営にあたるなら適任者はいくらでもいます。実業界でも学会でも、著名人に引き受けてもらって名ばかりの理事長になってもらえばいいのです。

でも、それすら適任者がいなかったのは、改革を期待されるプレッシャーがあったからです。恐れをなして誰も引き受けなかったのです。

林理事長には、この原点に立ち返っていただきたいと思います。自由度が高いかどうかは、自分から壁にぶつかってみなければわかりません。

ぶつかって、それを突き破って自由度を高めていくしかないのです。少し抵抗されたり、ギャアギャア騒がれたりしたぐらいで引っ込んでしまったら、自由度を自分で狭めてしまうことにしかならないからです。

理事会は、それでもがんばって酒井学長と澤田副学長に辞任を突きつけました。

けれども、このふたりは、自分たちを任命したのは学部長会議だから、そこで辞任が決議されない限り、辞めるわけにはいかないと突っぱねました。

学部長会議は当然、ふたりを擁護し、挙句に「ふたりを辞めさせるなら、理事長は和田を辞めさせろ」と逆襲してきたのでしょう。

そのときだって、林理事長には「それは理事会で決めることです」と突き放すことができたはずです。ところが逆に腰砕けになってしまい、私に「学部長たちがうるさいのよ」と辞表の提出を私に求めました。これではみずから自由度を封じ込めてしまったとしか言えないのです。

受験志願者数日本一は実現可能な目標

どうしても後ろ向きの話に戻ってしまうので、少し前向きな話題に変えましょう。

在学生（入学生）の数が日本一なら、受験志願者数が日本一になっても不思議はありません。単純に計算して、入試倍率がほかの大学と同じ程度なら、在学生数日本一の日大は志願者数も日本一になっておかしくないのです。いまの私立大学は定員オーバーの入学者数が厳しく制限されているからです。

では、受験志願者数を見てみましょう。前年から大きく減らした２０２４年の入試でみると、日大は全国の私大の中の８番目でした。一位の近畿大学が14万人を超える志願者数だったのに、日大はその半分の７万人台です。ライバル東洋大学も10万人を超える志願者を集めています。

しかし、近大にしても東洋大にしても在学生数は日大よりはるかに少ないのです。日大には７万人を超える在学生がいて、近大はその半分以下の３万３千人、東洋大も３万人台です。

ということは、大学全体で見れば日大の入試倍率が低かったことになります。これも単純に考えれば、日大は近大や東洋大より人気がないということになります。

日大には、そんなに魅力がないのでしょうか。

16もの学部があるということは、自分が進みたい学部が見つかりやすいということとです。それぞれの学部のポテンシャルも、決して見劣りしません。

近大は、この10年ほど受験志願者数全国一位を続けていますが、もとはといえば日大が設置した大学です（近畿大学は1925年に財団法人日本大学が設立した日本大学専門学校を淵源としています）。

けれども、近大はイメージ戦略が抜群に上手です。

たとえば、キャンパスのトイレ、とくに女性用トイレをすべて新しくして女子志願者を増やしました。水産学部の「近大マグロ」はあまりに有名ですが、ウナギの完全養殖も成功させるなど、ユニークな研究でマスコミの注目を集めています。

どちらかといえばマイナーな水産学部がこれだけ注目されると、「近大は面白そうな大学だな」と受験生も受け止めます。また、広報に独自性があって情報発信が活発で、大学全体のイメージアップにつながる情報発信を繰り返してきたことが、志願者数日本一につながっています。

しかしながら一般的には、全国の受験生には大阪より東京、関西より首都圏のほうが魅力があります。おもに首都圏を拠点とする日大なら、イメージ戦略に力を入れ、広報を充実させれば受験志願者を増やすことはできるはずです。そのための魅力を掘り起こす、あるいは教員や研究者を充実させて、ユニークな成果をあげて活発に情報発信を繰り返せば、「日大って意外に面白そうだな」というイメージが広がります。

トイレなどのアメニティの充実も急務ですが、基本は教育・研究の充実です。いくら学部長たちが「教学に口を出すな」と抵抗しようが、大学全体の経営を考えるのは執行役員の仕事ですから、理事長がもっと強い態度でユニークな教員や個性的な研究者の採用を迫っていいはずです。

自分の学部を牛耳ることしか考えない船頭たちなど、蹴散らしていいのです。

芸術学部は、日大のイメージ戦略を担える

日大の数ある学部の中で、もっとも個性的で人気が高いのは芸術学部になります。

この学部が面白いのは、いわゆる美大系の大学にはない学科、たとえば放送学科や映画学科、あるいは写真学科といったかなりニッチな専攻が含まれているということです。

しかも歴史が古いので、卒業生にはそれぞれの業界で名前の知られた人物、新進気鋭の若手から評価の安定している中堅やベテランまで、それこそ「えっ、この人も日芸（日大芸術学部の略称）なの⁉」と驚くような人物が大勢います。言うまでもないことですが、林真理子理事長も芸術学部の文芸学科出身です。

映画の仕事もしている私のイメージで強いのは、映画学科出身で、『仁義なき戦い』シリーズを撮られた深作欣二監督のです。実は、かつて、卒業してから映画監督を目指せる大学というのは東大か早稲田・慶應、京都大、そして日大芸術学部ぐらいしかなかった非常に狭い門だったのです。

名前を挙げていけば、写真学科出身者には篠山紀信さんがいます。三谷幸喜さんは演劇学科です。若手でも脚本家の宮藤官九郎さんと中園ミホさんは放送学科。林さんが出た文芸学科には吉本ばななさんもいました。最近でいえば、音楽ユニット「ＹＯＡＳＯＢＩ」のボーカル・ikuraとして活動するシンガーソングライターの幾田りらさんは音楽学科卒業です。

イラストレーターの安西水丸さんも美術学科出身で、これは知人に聞いたエピソードですが、出身大学を聞かれるといつも胸を張って「日本でいちばんいい日本大学」と答えていたそうです。

近大が水産学部で大学全体のイメージを大きくアップさせたように、同様の実力がある日大芸術学部なら効果的なメディア戦略も描けるはずです。さらにすべての学科が力を合わせれば、あらゆるメディア戦略が可能になってきます。

ましてや林さんはコピーライターとして出発した人です。メディア戦略ならお手のものだし、「新生日大」のキャッチコピーぐらい、次々に世の中に打ち出すことができることでしょう。

「船頭多くして」の弊害ばかり書いてきましたが、数が多いなら、それぞれの船頭に進む方向をガツンと指示して従わせるのが船長の役割です。林理事長にはその権限があるということを忘れないでほしいのです。

日大の経営資源は豊かなはず

２０２１年以降、90億円の私学助成金が3年連続で不交付と決まったとき、授業料の値上げはしないと林理事長は宣言しました。私学助成金がもらえなくても、年間でおよそ90億円の黒字ですから、３年連続で助成金が切られてもビクともしないだけの財源が日大にはあったのです。

単純に考えて、７万人以上もの学生がいるというのはそれだけ授業料や入学金の収入も膨大だということです。加えて教員や職員の数は多くありません。学生ひとり当たりの教員数は私大の中では少ないほうでしょう。

さらには全国に散在する広大なキャンパスや都心の建物など、膨大な不動産もありますから、経営資源は豊かということになります。

そのかわり、教員の数が少ないことで授業や研究環境は十分とはいえず、学生用のトイレが汚いなど不便を強《し》いている部分もありました。

本来であれば助成金の90億円は奨学金を充実させるとか、学生たちのために使われる財源となったはずですから、やはり不交付は痛手には違いありません。つまり、助成金が打ち切られて割を食うのは、大学ではなく学生たちなのです。

日大の職員の給与水準は決して低くありません。むしろ少子化で経営の厳しくなっている全国の私大の中ではかなり恵まれているほうで、退職金も一昔前の一流企業並みの水準を保っています。そのために退職者や転職者が少なく、不満があっても定年まで勤める職員が多いという環境も、専横な田中体制を支えた一因のような気がします。

順天堂大学医学部の成功パターンに学ぶ

しかも、たとえ少しぐらい日大の財源が不足しても、経営努力によって大幅な黒字化の可能な学部があります。ここで、どうしても取り上げたいのが医学部になってきます。

すでに日大医学部の改革案についてはいくつか述べてきましたが、私は日大医学部改革のモデルは順天堂大学だと思っています。

2012年に当時の天皇陛下（現・明仁上皇）の心臓冠動脈バイパス手術を成功させ、「天皇の執刀医」として一躍有名になった外科医の天野篤《あつし》さんは、現在、順天堂大医学部の心臓血管外科特任教授です。

当時、手術は東大病院で行われ、執刀も東大と順天堂大の合同チームで行われたので、世間では「あの先生に手術してもらうなら東大病院」と思っていた人が多かったのですが、実は天野先生は順天堂医院にいたのです。

順天堂大医学部は現在、「私立医大の新御三家」と呼ばれています。私立医大の御三家はずっと慶應大医学部、慈恵医大（東京慈恵会医科大学）、日本医大の三つでしたが、その一角に順天堂大が食い込んだのです。

ところで、天野さんが実は日大医学部出身ということはほとんど知られていません。たいていの人は、母校も順天堂大だと思っているはずです。順天堂大学は、優秀な教授をこのように上手にスカウトして病院の評価を一気に上げました。

私立医大御三家の基準は、簡単にいえば入試偏差値です。偏差値の高いトップスリーが御三家なのです。

順天堂大医学部がトップスリーに上がった要因はいろいろありますが、なんといっても注目を集めたのは２００８年に実施した授業料の大幅値下げです。約９００万円（６年間）の値下げに踏み切って注目を集め、全国の医学部受験生を惹《ひ》きつけました。

いくら受験生に医者の子どもが多いといっても、医学部の授業料は高額ですからこの値下げは魅力です。全国から優秀な学生が集まることになります。

このふたつのエピソードが、すでに書いた私の日大医学部改革のベースになっています。

つまり、外部からどんどん優秀な教授をスカウトして数を増やし、教育と医療を充実させる。そして、授業料を値下げし、入試偏差値を上げて、大学病院の評価を高める（偏差値の高い大学の付属病院ほど患者さんに選ばれるということはすでに説明しました）。授業料の値下げは投資と思えばいいのです。

加えて、入試面接の廃止です。

「あの病院の先生は、ぶっきらぼうだけど腕だけは確かだ」

「天才的に手術の上手な先生がそろっている」

そういうイメージができてくると、病院経営も劇的に改善される可能性があります。事実、順天堂医院の黒字額は膨大です。医学部だけで日大が束になってやっと並ぶくらいの利益を生み出しています。さらに言うと、これによって研究レベルも大幅に上がります。

けれどもここまでに書いてきたように、日大医学部の赤字体質は変わりません。こちらの提案もことごとく撥ねつけられてきました。学部長には危機感がまったくなく、経営努力も放棄して予算だけを要求してきます。

黒字にしてその分を学生に還元しよう、という発想などまったくないのです。

卒業生１２０万人超という豊かな人的資源

日大は前身が１８８９年に創立の日本法律学校、日本大学という名称になったのも１９０３年ですから私立大学としての歴史も古く、卒業生の総数も１２０万人を超えます。この数だけでも大変な人的な資産になります。卒業生が社長になっている数も日本一として有名です。

そこで、たとえば卒業生を対象に「日大カード」のようなものを作成して、特典として、社長や経営者が日大出身者の会社の商品やサービスが5パーセント引きになるようなシステムをつくれば、卒業生の一体感も強まるでしょう。

あらゆる学部がそろっていて起業する卒業生も多いのですから、思いがけないところで特典が生まれるかもしれません。芸術学部の学生がデザインしたカードも楽しいし、キャッシングできないようにすれば在校生にも使えます。

さらには、卒業生で構成された校友会です。会員の中の経営者を中心に積極的に寄付を募《つの》って、それを財源にしたさまざまな奨学金制度を設立することもできます。多額の寄付金を提供してくれた人には、名誉教授の称号を与えることだってやろうと思えばできます。寄付金で建物や施設を建設した場合には「○○記念館」など、資金提供者の名前を冠することもできます。

卒業生の数も在校生の数も日本一という日大は、良くも悪くもマスコミの格好の餌食《えじき》です。不祥事を起こせばたちまちテレビが連日報道し、新聞や雑誌メディアも飛びつきます。大学としての知名度があり、それだけ多くの人が関心を持つからでしょう。母校がニュースで報道されれば「他人事ではない」と注目します。

アメフト部の薬物汚染事件がニュースになり始めたのとちょうど同じ時期、東京農大ボクシング部でも大麻所持で部員が逮捕という報道がありました。こちらは見つかった大麻の量が約60グラムですから日大アメフト部の0・019グラムの30

００倍で、しかも部員の使用だけでなく販売目的で所持していたのですから、はるかに悪質なはずです。しかも、大学の中で栽培していたことまで発覚しています。けれども、ニュースは日大のものばかりで東京農大に触れられることはほとんどありませんでした。東京農大はボクシング部の監督者を処分して、学長がホームページ上で謝罪しておしまいです。

日大アメフト部の件は、ご存じのように連日のニュースとなりました。

しかも、監督者の澤田副学長は言い訳と隠ぺいを繰り返し、事実を共有させてもらえなかった林理事長は、適切な対応ができずにマスコミに「無責任」とか「お飾り」といったひどい報道までされてしまいました。

その部分に関しては、私は林理事長に同情するしかありません。

でも、おそらくはいいことをすればそれだけニュースになるポテンシャルもあるのです。最近では紅麹のサプリの害を最初に追及した日大教授は時の人になったのですから。

第4章

「変えない」「変えさせない」という構造

何をやっているのかわからなかった執行部会

日大の組織やさまざまな名称の会議には、「これって意味があるのか」と思うものが含まれています。たとえば、プロローグでも少し触れた執行部会です。

ここまでに、理事会と学部長会議については何度か説明してきました。

経営を管轄するのは理事会で、教学が学部長会議です。ここはまあわかるのですが、その前段階に執行部会があって、そこで何を議案にするかを話し合います。

これはいわば内々の会になるのですが、メンバーは学長、副学長（3名）、理事長、常務理事（4名）です。いわば経営と教学の責任者が顔をそろえるのですから、いくら内々の会とはいっても本来なら重要な議論が交わされてもいいはずですし、それができる場なのです。

だから、私も経営側の立場から、ここまでに述べてきたような改革案（医学部や病院の改革案）を何度か出してみました。けれども、再三説明してきたように、学長から「教学に口を挟むな」という封じ込めを受けます。

では、どんなことが話し合われるのかといえば、実は出席者がその場で自分たちの立場から議案を出すのではなく、本部の官僚組織があらかじめつくっている形式的な議案に沿って会議が進められていくというのがほとんどでした。

つまり、どうでもいいようなことばかりが話し合われて、実質的な改革提案などまったくできなかったのです。アメフト部の薬物汚染事件を調査した第三者委員会の報告書も、この執行部会の存在について「何をやっているのかわからない会議、田中元理事長時代の遺物」と否定的な見解でした。

執行部会の次には、常務理事会が控えています。この会は構成メンバーが執行部会とまったく同じです。

ここで、執行部会で取り上げることになった議案を、学部長会議に出すマターと理事会に出すマターに振り分けます。「この議案は経営に関わることだから理事会に」「こちらは教学の問題だから学部長会議で」という振り分けです。この振り分けも我々ではなく本部の官僚が事務的に行っています。

つまり、ここでも日大の改革に関する話し合いなどできません。せっかく幹部が顔をそろえる会議が毎週開かれるのに、実質的な改革提案のできるチャンスがないのです。

あるのはそれを阻《はば》んだり、議案にすら載せない仕組みだけで、結局、日大という組織の中には旧来の体制を「変えない」「変えさせない」という構造が出来上がっていたことになります。

イメージ戦略なら、打つ手がいくつもあったはず

「これじゃあ、何もできない」ということで、林理事長と考えたのが未来構想会議でした。既成の組織や構造にただ従っているだけでは日大改革のためのプランすら提案できないのですから、せめて自分たちで改革を進めていく場をつくろうと思ってのことでした。

文系、理系、付属高校と３つの分科会をつくって２０２２年の秋からスタートさせましたが、２、３回の会議を開いただけでアメフト部の問題が起こって機能停止に陥ります。

しかし、大学内部の改革はアメフト部が起こした事件とは別問題です。いま思えば何が起ころうと、世間やマスコミがどんなに騒ごうと、改革は改革として進めるべきでした。

たとえば、内部組織がどんなに硬直化していても、林理事長ならさまざまなイメージ戦略を描けるはずですし、本人もそのつもりでいたはずなのです。林さんは出版社とタイアップして「日大ＭＯＯＫ（ムック）」という雑誌をつくろうという企画も考えていました。７万人超の在校生だけでなく受験生にも、日大の隠れた魅力を知ってもらうためには面白い企画だと私も思っていました。

ところが、林さんは出版社との癒着《ゆちゃく》や予算の私的流用を疑われることを恐れて、自分から言い出したこの企画を止めてしまいます。慎重といえば慎重な判断かもしれませんが、そこまで考えたらイメージ戦略すら実行できなくなってしまいます。

幻に終わったカザルスホールのコンサート計画

「日本大学カザルスホール」の再生も注目されていました。これはご存じの方も多いはずです。

日大にはさまざまな建物がありますが、医学部や歯学部の付属病院、あるいは理工学部の一部の学科や付属施設のある御茶ノ水界隈には、特に日大が所有するビルや建物が分散しています。

カザルスホールもそのひとつですが、日大御茶ノ水キャンパスの再開発に伴い、2010年3月末で使用が停止されています。日本でも珍しいクラシック音楽の上演ホールとして、大勢のファンがその再開を待ち望んでいました。

古風な建築で、カザルスホールほどレトロでありながら一定数の観客を収容できる建物は都内でもありません。老朽化は進んでいますが、多少の改修を加えればまだまだ使用することができます。

理事会はその再生をスタートさせ、再開に先駆けた記念コンサートをサントリーホールで開催しようというプランも出ました。

そのときはアメフト問題でマスコミの注目が集まっているタイミングでしたので、執行部会では反対意見と賛成意見に分かれました。

「こういうときに浮かれたことをすると、不謹慎だと世間の非難が集まる」というのが反対意見。

「いや、こういうときだからこそ、日大は事件と関係なく再生事業をやっていますと示したほうがいい」というのが賛成意見でした。私も当然、そう思いました。

たとえ「こういうときに」と思う人がいたとしても、文化的で明るいニュースが流れれば日大のイメージも変わります。少なくとも、アメフト部の薬物汚染事件だけがニュースで流れるよりははるかにマシです。アメフト部がどうあれ、日大は再生に向けて着々と動いていますとアピールすべきだったのです。

けれども、林理事長はここでも怖気づいてしまって、結局、このコンサートも無期限延期となってしまいました。

二重三重の「変えさせない」構造

私は、アメフト部の事件がマスコミに叩かれ始めた2023年の7月から、辞めるまでの半年間を「失われた時間」と受け止めています。

たしかに、古い体質の組織が立ち塞がってやりたいことが議題に上ることもありませんでしたが、経営を受け持つ常務理事会としてできることがあったはずだからです。ですが、林理事長まで自粛ムードに従ってしまいました。

「口を出すな」一点張りの学長や、いっさいの情報を隠蔽し続けた澤田副学長に遠慮する必要はなかったはずです。

新しい理事会がスタートしたとき、それまでひとりもいなかった女性理事を9人選んで、全体のメンバーもさまざまな分野から集まりました。その人たちはほとんど林理事長も私も知らない方たちでしたが、話し合いを重ね、言い方は悪いかもしれませんが、多数派工作はうまくいっていたのです。

校友会のメンバーも入れ替えて、残っていた田中元理事長派を一掃しました。学部長会議が変わらないといっても、新しい理事長が自分の企画やアイデアを理事会にはかり、実行していく環境は整っていたのです。

まして、日大のイメージ戦略は、経営に関わる大事な仕事ですから、学部長会議の出る幕ではありません。向こうが「教学のことは学部長会議に！」と言い張るならこちらも、「経営のことは常務理事会に！」と突き放せばよかったのです。

けれども、林理事長自身がアメフト部の事件を気にしすぎてしまいました。世間に持たれてしまった日大のイメージを気にしすぎて自粛を選び、こちらから積極的にイメージを変えようとはしなかったのです。

もちろん、林さんにはタイミングを見計らう気持ちもあったのでしょう。アメフト部の事件がちゃんと決着し、世間の関心も薄れてきたら日大再生のイメージ戦略を実行しようと考えていたのかもしれません。

けれども、すぐに実行できること、悪いイメージを持たれる以前の、日大内部の構造改革のようなことなら、粛々《しゅくしゅく》と実行に移してもよかったはずです。

「女性が入ると会議が長くなるのは、議論が活発になるからです」

理事会に一挙、9人の女性理事を選んだときに林さんはこう言いました。まったくその通りで、声が大きいばかりの学部長に牛耳られ、ろくな議論もなかった学部長会議はともかく（学部長選出人事に理事会は関われません）、硬直化して改革の妨《さまた》げとなっていた本部組織にも、女性の部長はひとりもいませんでした。

「活性化のために、本部にも女性部長を増やすべきだ」と提言しても「規約でできません」と言われます。何の規約かといえば、「二階級特進は認めない」というたったそれだけの規約です。つまり、女性課長がいないから部長候補がいないという理屈です。それなら規約を変えればいいだけのこと。理事会にはそれができたのです。

「外部からの経験者採用」も申し入れましたが、すでに紹介したように、人事部長のあまりに非常識な面接で立ち消えとなりました。

日大内部には二重三重の「変えさせない」構造があったとしか思えないのです。

上下関係が徹底していると「下から操られてしまう」

常務理事には公用車の使用が認められますが、私は断りました。深い理由はなくて、「柄《がら》じゃない」ですし、自分の車で通退勤したほうが気楽だからです。

市谷の日大本部に自分の車を乗りつけ、エレベーターに乗り込んで常務理事室のあるフロアでおりると、おそらく守衛から連絡がいくのでしょう、すでに秘書の女性たちが扉の前で待ち構えていて深々と頭を下げられます。

こういうの、はっきり言って気持ち悪いのです。くすぐったくて気持ち悪いのですが、一方でチヤホヤされると、自分がすごく偉くなったような気分にもなってしまいます。それも嫌だったのでやめてもらいました。

日大特有の組織体質に、体育会系の上下関係があります。本部職員の役職、いわゆる「日大官僚」は上からの指示や通達に従順に従います。一般職員ももちろん同じです。上下関係を遵守しますから、最初は「やりやすいかな」と思いました。けれどもこういう関係というのは、上がしっかりしていないと逆に下から操られてしまうという怖さがあります。

チヤホヤされていい気になっていると、仕事がどんどん進んでいるように錯覚したり、自分の思い通りに組織が動いているような錯覚を持ったりしてしまうからです。

つまり、何もやらなくても仕事をしているような気分になってしまいます。「下から操られる」というのは、おだて上げられることで采配を振るっていると錯覚してしまうことでもあるのです。

林理事長も、最初は公用車を使わないという私の意見に賛成してくれました。しかし、セキュリティの不安もあって受け入れ、公用車で出勤し、ほぼ毎日のように理事長室に詰めています。本部にいればその間は最高権力者ですから、周囲の人間からは徹底的に崇《あが》められて過ごすことになります。

そういった日大的な上下関係に慣れて、それを居心地よく感じるようになってしまうと、「下から操られる」が起きないでしょうか。周囲の人間は全員、自分の指示や依頼に従ってくれるのですから、自分の職務は順調に実行されているような気になります。

「職員もがんばってくれる」と思えば、すべて順調に進んでいると錯覚してしまいます。でも、それは日大的な上下関係に丸め込まれただけのことかもしれません。

「御茶ノ水教養センター」は実現可能

酒井学長にはこちらの提案をことごとく拒まれましたが、たったひとつだけ、珍しく私と同じ意見を持っておられました。「教養課程の御茶ノ水キャンパス」です。

日大の16学部は全国に散らばっています。福島県郡山市の工学部や静岡県三島市の国際関係学部のように、都心からずいぶん離れた場所に立地している学部もあります。それ以外の学部でも、首都圏のあちらこちらに散らばっていて日大生としての一体感が生まれにくくなっています。

それに、なんといっても大学生活は東京で送りたいという希望もあるでしょう。一時期、私大の一部では都心から郊外の多摩地区にキャンパスを移転するケースが増えましたが、受験生の人気が落ちてしまうために再び都心回帰が始まっています。

日大も、せめて教養課程の一年間だけでも全員が通える教養センターが御茶ノ水にあれば、とくに女子生徒の受験志願者が増えるはずです。いろいろな学部の学生と出会えますから刺激にもなるし、友人関係が広がります。御茶ノ水はさまざまな大学が集まっている学生の街ですから、若々しくて華やいだイメージもあります。

この「御茶ノ水教養センター」は実現不可能ではありません。すでに紹介したカザルスホール裏手の広い土地が空いていて、そこに高層ビルを建てることで実現可能でした。

この提案には酒井学長も同意見だったし、盛り上がっていい話なのですが、たぶん立ち消えになっているでしょう。執行役員が改革案を出してその案をどんどん進めていかないと、実際に動き出すことがないからです。

すでに書いたように、理事会のメンバーは一新されています。だから、アメフト部の事件の責任を追及して、澤田副学長だけでなく、酒井学長にも辞任をしてもらうという結論を出せました。

もちろん、学部長会議はこのふたりの辞任に反対し、「それなら常務理事の和田も辞めさせろ」と難癖をつけてきたようですが、向こうがどう出ようが、こちらの要求はどんどん突きつけていくという強い態度を取り続けてもよかったのです。

あとは林理事長の腹の据え方ひとつでした。つまり、喧嘩するつもりになって、もっと強く要求を突きつければよかったのです。少なくとも、「あちらが変わらない限り、改革はできない」とあきらめたり、おとなしく引っ込んでしまったりする必要はなかったということです。

変わらないほうが楽には違いない

私が辞表を書いた経緯については述べましたが、「学部長たちがうるさいのよ」などと秘密裏に辞表を書かせるのでなく、きちんと理事会にはかったうえで私に辞任を要求してくるのが正式なプロセスというものです。

それもせず、挙句「学部長たちに何か言われたこともない」と雑誌編集部に抗議するという態度では、それこそ四方八方に言い訳して自分の身の安泰だけを優先させたことになってしまいます。

おそらく、林さんは自分が声をかけて常務理事を要請したのに、その私の辞任を自分から理事会にはかることにはためらいがあったのでしょう。

ですが、私はトップの理事長が私を邪魔と判断するのなら受け入れるつもりでいました。常務理事の仕事は激務ではありませんが、拘束時間が長いです。それなのに改革は思うように進まず、次第に無力感を持ち始めていましたから、クビだと言われたならそれも仕方ないと思っていました。

毎日上がってくる膨大な量の書類に決裁の判子を押すだけの仕事というのは、空しいといえば空しかったのです。しかし、それは林さんだって同じはず。理事長だから毎日出勤していた彼女は、私より拘束時間は長かったはずです。小説を書く時間もなくなっていたと思います。

そうまでして守りたかった理事長の地位について考えていくと、思い浮かんでくるのは、先に述べた「下から操られる」という言葉です。日大独特の上下関係の中にいると、周囲はすべて言うことを聞いてくれるし、チヤホヤされますから、まるで思い通りに物事が進んでいるような気分になります。

そのかわり、変化には組織が二重三重に立ち塞がって壁をつくろうとします。結局、改革の提案も実行もできず、それでも仕事をしている気分になれるのが日大です。

理事長は経営の最高責任者ですから、よけいなことはしないで公用車に送り迎えされながら過ごしていれば、虚栄心も十分に満たされてくるのでしょう。

毎日、膨大な数の書類に理事長の判子を押し、切れ目なく訪ねてくる陳情者や報告者に頭を下げられれば、いかにも自分が組織を動かしているような錯覚を持ちますが、そこに甘んじてしまえば変革の意志も薄れてしまうことになります。変わらない状況がいちばん楽だからです。

既得権益を守ろうとして、ことあるごとに自分たちの要求を突きつけてくる学部長たちとうまくつき合い、その要求を受け入れていれば、和《なご》やかで穏やかな関係だけは守ることができます。これなら理事長のポストも安泰だし、上層部は平穏なムードに包まれるでしょう。世間も次第にさまざまな問題・事件のことは忘れ、日大は以前のように人気マンモス大学のイメージに落ち着くかもしれません。

つまり、「もうこれ以上、悪くなることはないだろう」という安心感だけが学内にも学外にも生まれてきます。「いるんだかいないんだかわからない理事長」になってしまえば、林さんものんびりした気持ちで任期をまっとうできるかもしれません。そういう、周囲にチヤホヤされながら過ごす毎日というのは、高額な年俸を考えれば恵まれた毎日ともいえるかもしれません。

けれども、今後ますますの少子化や、地方の受験生に広がっている首都圏私大離れ、そして何より受験志願者25パーセント減という現実を冷静に受け止めれば、「変わらない日大」の将来が「これ以上、悪くならない」で済むかどうか、私には大いに疑問です。

出し切れない膿は、またいつか噴き出してくる

２０１８年にアメフト部の悪質タックル事件が起きたとき、責任を問われた指導者は曖昧な答弁を繰り返し、田中元理事長は知らぬ顔を通して責任転嫁しました。コーチに指示されてタックルした選手本人がマスコミの前で真摯《しんし》な謝罪を繰り返したのに、大学側は姑息な対応しかできず、事態の鎮まるのを待っているようにしか見えませんでした。

悲しいことに日本人はすぐに忘れます。日大のイメージは凋落《ちょうらく》しましたが、時間が経てば、事件そのものは忘れられます。そのかわり、一度刷り込まれた悪いイメージというのは消えることがありません。したがって、続いて起きた薬物汚染事件も、「またか」と受け止められました。悪いイメージだけは消えずに残っているので、日大アメフト部と聞いただけで「またか」となってしまいます。

私がいちばん問題だと思っているのは、またしても曖昧な対処で終わってしまったということです。それがまたマスコミの過熱報道を招いてしまったという側面もあると思います。

膿は残ったままなのですから、それをこの機会にすべて出し切らなければいけないし、そのチャンスでもあったのです。新しい理事長が率いる理事会ならそれができます。重ねて問題を起こしている競技スポーツ部の廃止そのものにだって踏み切るチャンスです。

アスリートにとってどんなに恵まれた環境であっても、まじめに勉強している学生や入学を目指すほとんどの受験生には関係ありません。「選手たちは優遇された挙句に大学のイメージを下げているだけじゃないか」と反発されてしまいます。

アスリートたちの活躍が日大のイメージアップにつながるのだとしても、30超もの部は不要です。せめて、ほかの大学のように特待生の枠をつくって入試を受けさせ、内申点も３・５以上といった基準を設けるべきでしょう。それでも箱根駅伝強豪の青山学院大や東洋大、駒澤大や順天堂大には全国から有望な高校生が志願してくるのです。

学部長の権限が大きいというのも、さまざまな業者との癒着や不正の原因になってきます。

つまり、大きなメスを入れて改革を進めない限り、深いところに残り続けているあちこちの膿が、忘れた頃にまた噴き出してくる可能性は消えません。

それがどこから噴き出してくるかはわかりませんが、噴き出せば結局「またか」

ということになります。そのたびに日大のイメージは下がり続け、人気も低落し、気がつけば、定員割れの学科が出てくるような大学に成り下がる可能性だってあるのです。

エピローグ

「学生ファースト」は
すべての大学の原点

日大は変われるか

日大の一年半を振り返ってみてつくづく感じるのは、大きな組織というのは手強いものだなということです。

上下関係が強固に出来上がり、それぞれの利権が複雑に絡み合い、それでもビクともしない組織というのは二重三重の「変わらない仕組み」が出来上がっています。そんな組織にひとりで立ち向かっている林理事長は、たしかに孤軍奮闘を余儀なくされている印象があります。

でも一年半、その内部に入って全国に散在する学部や付属高校、病院や研究所などのさまざまな施設や建物を見学し、学生はもちろん教職員の方々とも話し合って気がついたのは、変革を望んでいる人が圧倒的に多いということでした。少なくとも日大はこのままでいいという人より「変わってほしい」「変えてほしい」という人がほとんどでした。

結果はどうだったかといえば、私が辞任して以降も日大のどこかが変わったとは思えません。外部の人間になってしまい情報が入ってこないということもありますが、マスコミに日大変革のニュースが流れることもなく、アメフト部問題のほとぼりが冷めるのを待って静まり返っている印象しかありません。

外部から窺《うかが》い知れないような組織の変革は行われているのかもしれません。酒井学長は辞任して新しく良識ある学長が就任し、私のかわりも補充され、常務理事が4人体制を維持しています。

以前と比べれば、いまの学長は改革意欲もあるので、改革をする気になれば、はるかにやりやすくなったと私は信じています。

斬って斬られる覚悟も必要

もちろん姿や形を変えながらも、旧勢力は残っているはずです。改革の味方になってくれるはずと思っていた人が、その旧勢力にのみ込まれてしまう可能性もあります。どちらにしても最後に問われてくるのは林理事長のリーダーシップになってきます。

私が辞表を書いた経緯についてはもう触れません。

ただ、改革できると思って乗り込んだ日大という巨艦には、誤算がふたつありました。本文でも書いたように二重三重の変えさせない仕組みができていたこと。そして、新しく理事長となった林真理子さんの気の弱さです。

委縮しなくていいところで委縮してしまい、みずから改革のチャンスを遠のけました。アメフト部の事件で委縮してしまい、教学に遠慮して事なかれ主義に陥ってしまいました。そういう気の弱さが、できたはずの改革やイメージ変革さえ遠のけてしまったのです。そのかわりに得たのが、周囲との和やかな関係や理事長の座り心地のいい椅子だった、というのは言いすぎかもしれません。

現実はどうかといえば、学生たちの間には「何をやっているのか見えてこない」「何も変わらない」という無力感さえ生まれています。

手強い組織を変えようと思えば、自分が斬られてもその組織を斬り返す覚悟が必要になるはずです。結果として混乱だけを残して理事長の座を失ったとしても、そこから新しい日大が始まれば思い残すことはないのです。ガラガラポンして去るという選択だってあります。

もちろん勇気は必要です。

何か提案しても反対されたら理事長の座が危うくなると案じた林さんには、無理な注文なのでしょうか？

日大のスケールメリットをどう活かすか

いま、少子化と地方の高校生の地元大学志向が重なって、首都圏の私大はどこも危機感を抱いています。

加えて格差社会があります。早慶のような一流私大に進学するのもほとんどが首都圏の、それも中高一貫校の出身者です。たとえば、かつては地方からの進学者が多かった早稲田大学にしても、いまは大半が首都圏の私立高校、中高一貫校出身者です。入試の難しい大学ほど、親の経済力が必要になるというシビアな現実があります。

当然大学側も、MARCHだからとか、有名だからというだけで、経営努力を怠《おこた》ればたちまち凋落してしまいます。

それでもなお全国の受験生には、学生生活を首都圏で送りたいという気持ちも強くあります。いくらネットの時代になったとはいえ、芸術や文化、さまざまな人間との出会いはやはり東京の大学でなければ満喫できないという憧れもあるでしょう。

そんな中にあって、日大はあらゆる分野に卒業生がいます。数だけでなく、さまざまな業界の大企業、中小企業の社長も日大卒がナンバーワンです。それだけ意欲のある人間が集まっているということでしょう。

仮に、「とりあえず日大」と思っている受験生がいたとしても、全国から集まる新入生の中に混じれば一種のカルチャーショックを受けることだってあるはずです。

そして、教育や研究のレベルが高くて個性的な教員がそろっていれば、「とりあえず」どころか「ここを選んで正解だった」と気がつきます。

そういう在校生や卒業生が後輩たちに、「日大は面白いよ」「入ってみれば驚くよ」と教えることになれば、それが何よりの下支えとなって日大の人気を後押しするはずです。もちろん、いまも優秀な教員はいますが、もっと増やしてほしいのです。

在校生・卒業生の数が日本一というのは、本来であれば大きな武器となるはずなのです。こればかりは新興の私大には真似《まね》ができません。

「学生ファースト」はすべての大学の原点

林理事長は、就任するときも就任後も「学生ファースト」という言葉を何度か口にしてきました。

実際、近畿大学に限らず受験生の人気が集まる大学は、施設の充実はもちろん、個性的で面白い授業ができる教員をそろえています。最初から意欲のない学生しか入ってこない大学ならともかく、学生の学ぶ意欲を掘り起こし、それを伸ばしてやるような教員のそろっている大学は確実に受験志願者を増やしていきます。

熱気のあるゼミや授業というのは、学生たちに大学で勉強することの楽しさを教えてくれるからです。イメージはもちろん大事ですが、最後は授業の質が学生の満足感を生み出すことになるはずです。

言うまでもないことですが、これは教学だけでなく経営者の責務になります。腹の据わった「学生ファースト」を実現できるかどうか、東大だろうが無名の私立大学だろうが同じです。

そういう意味で、内部権力掌握だの既得権益への固執だのといったレベルの低い争いを続けている日大は、学生たちへの裏切りを繰り返していることになります。人気が凋落するのは当然ですが、そういう大学淘汰《とうた》の時代にすでに入っているのは誰でも気がついていることなのです。

母校なら胸を張れる日大に再生してほしい

理事在任中は、たくさんの学生や教職員の方々と話す機会がありました。林理事長はもっとその機会が多かったはずです。

「トイレが汚い」

「先生が少ない」

「授業がつまらない」

「キャンパスが不便」

「日大生としての実感も一体感も持てない」

……といった不満や要望は、経営を受け持つ理事会、特に執行役員こそ先頭に立って解決していかなければいけないはずです。私学助成金を打ち切られたから財源がない、という言い訳はそれこそアメフト部への責任転嫁になります。

そもそも、競技スポーツ部に年間数十億もの予算をつぎ込んで温存をはかってきたのが原因です。

それを「教学の責任」と言ったところで、学生たちや教職員には通用しません。理事会ならすべての学部予算を見直し、財政立て直しを推《お》し進めて、学生たちの要望に応えるべきだし、それができるはずなのです。

日大は林理事長の母校です。

その母校を改革するために乗り込んできたのであって、作家として成功し錦《にしき》を飾るために戻ってきたのではないはずです。

ともあれ、日大改革はまだ始まったばかりです。

私が在職した一年半は守旧派にただ振り回された期間でしたが、その勢力を曲がりなりにも追いやれたら、ここから林理事長の決意ひとつで日大を改革・再生させ、胸を張れる母校をつくることができます。

私としては「あの人が（和田が）辞めたから改革もうまくいってるね」となってもそれで構いません。

「やっぱりオレが無能だったんだな」と納得するしかありませんが、そういう結末になるのなら辞めた甲斐《かい》があったということです。

おわりに

最後まで、私の告白のようなものにおつき合いいただきありがとうございました。

私が原稿のチェックを終え、「おわりに」の原稿を書いている段階でこんなニュースが飛び込んできました。

日大の重量挙げ部の幹部が、昨年（2023年）までの10年間、入学金や授業料を免除されている奨学生の部員に対し、「免除は2年目からだ」などと虚偽の説明をして全額を徴収し、大半を私的に流用していたというニュースです。

本書でも書いたように、競技スポーツ部の奨学生に選ばれた学生の多くは（大部分がそうだと聞いたことがあります）、入学金や授業料が免除されます。それを目当てに入ってくるスポーツが優秀な学生も多いのですが、こういう嘘を平気でついて、自分の懐《ふところ》に入れる幹部がいたということです。

これを聞いてひどいと思われた方も多いでしょうが、ひょっとするとアメフト部の一連の問題を解決するにあたって、すべての運動部の総点検、つまり私生活の乱れや不正な金銭の流れの乱れをチェックするということになり、その一環でこの不祥事が見つかったのかもしれません。

これは立派な綱紀粛正《こうきしゅくせい》といえることですが、一方でアメフト部の学生の寮内の生活も、この重量挙げ部の経理状況も、それまで10年以上もノーチェックだったということでもあります。

日大の改革だけでなく、田中元理事長時代に根付いた悪しき体質の洗い出しや改善も林真理子新体制の新執行部の重要課題でしたが、それをきちんとやらずにきた中で発覚したのがアメフト部の薬物汚染問題でした。しかしながらこれも氷山の一角にすぎず、我々幹部の知らないところでさまざまなことが起こっていたのかもしれません。

そういう点で、私は至らない常務理事だったと心から反省しています。

この重量挙げ部の一件が内部からの通報で発覚したのか、旧競技スポーツ部に対する調査で発覚したのかはわかりませんが、いけないところはきちんと調査するという対応はぜひ続けていただきたいと思います。

ただ、調査する人間が日大内部の人間で、それが本書でも述べた官僚組織によるものなので、私には限界があるように思えてなりません。

ついでにいうと、私が日大にいた当時も問題を起こした教職員は何人かいて、弁護士を含めた内部調査の委員会がきちんと調査をし、懲戒委員会のようなところで処分を決定したのですが、その処分も世間の想像とは比べものにならないくらい甘いものだったことを記憶しています。懲戒解雇などということはまずなく、かなり破廉恥《はれんち》な行為を行った人でも、せいぜい数か月の停職でした。

本書に関しても、日大の恥を表に出したということで私を非難する人は出てくることでしょうが、自民党派閥の政治資金問題がまったく真相解明にいたらず、中途半端なルール変更で終わったことが、おそらく今後も政治とカネの問題が続くだろうと予想され世間の信用をまったく回復できなかったように、日大もこの際、膿を出し切り、きちんとしたルール変更を行わないと、世間から失った信用は回復できないのではないかと思えてなりません。

日大は私には縁もゆかりもない大学でしたが、意欲が高い可愛げがある学生やまじめな教員も多く、こんな形でクビになっても、なぜか好きになったところはたくさんあります。だからぜひ変わってほしいのです。

病気の日大が、一日も早く回復する日を祈っています。

末筆にはなりますが、編集の労をとってくださった廣済堂出版の伊藤岳人さんと夏谷隆治さんにはこの場を借りて深謝いたします。

和田秀樹

編集協力　　やませみ工房
ＤＴＰ　　株式会社明昌堂
校　正　　皆川　秀

日大病は治らない
私が日大常務理事をやめさせられた「本当の理由」

2024年10月10日　第1版第1刷

著　者　和田秀樹
発行者　伊藤岳人
発行所　株式会社廣済堂出版
〒101-0052　東京都千代田区神田小川町
2-3-13　M&Cビル7F
電話 03-6703-0964（編集）　03-6703-0962（販売）
Fax 03-6703-0963（販売）
振替 00180-0-164137
URL https://www.kosaido-pub.co.jp/

印刷所
製本所　三松堂株式会社

デザイン　ササキデザインオフィス
ロゴデザイン　前川ともみ+清原一隆（KIYO DESIGN）

ISBN 978-4-331-52414-5　C0295